Bibliographie
Ernst Benda

Bibliographie
Ernst Benda

zusammengestellt und bearbeitet von
Franz Schneider

Mit einem Geleitwort von
Professor Dr. Wolfgang Zeidler
Vizepräsident des Bundesverfassungsgerichts

1983
Walter de Gruyter · Berlin · New York

Stand der Zusammenstellung ist der 30. September 1983. Die maschinenschriftlich vervielfältigten Arbeiten sind in der Bibliothek des Bundesverfassungsgerichts vorhanden.

Franz Schneider
Bibliotheksoberrat am Bundesverfassungsgericht

CIP-Kurztitelaufnahme der Deutschen Bibliothek

Schneider, Franz:
Bibliographie Ernst Benda / zsgest. u. bearb. von Franz Schneider. Mit e. Geleitw. von Wolfgang Zeidler. – Berlin ; New York : de Gruyter, 1984.
ISBN 3-11-009802-4
NE: HST

Printed in Germany
Umschlaggrafik: Gabriele Kuhnke, Essen/Karlsruhe
Satz und Druck: Saladruck, Berlin 36
Bindearbeiten: Verlagsbuchbinderei Dieter Mikolai, Berlin 10

Herrn Professor Dr. Ernst Benda
aus Anlass
seines Ausscheidens aus dem Amt
des Präsidenten des Bundesverfassungsgerichts
gewidmet

Geleitwort

Eine Bibliographie der Veröffentlichungen von – und über – den nach den gesetzten 12 Jahren aus dem Amt des Präsidenten des Bundesverfassungsgerichts scheidenden Ernst Benda mit über 400 Titeln aus der Feder des hiermit geehrten Autors erweckt Respekt und Neugier zugleich. Dabei ist auch die außerordentliche Breite des thematischen Spektrums bemerkenswert. In dem Zeitraum von den Jahren 1948/49 mit eher allgemeinen Abhandlungen zur „Verantwortung christlicher Politiker", zum Thema „Zivilcourage" und zu den „Studenten von heute" ist ein weiter Bogen zu schlagen über seine zur Parlamentsgeschichte gehörenden Reden in der Verjährungsdebatte 1965 bis zum letzten Jahr 1983 im Amt des Präsidenten mit den Beiträgen „Die Menschenwürde" und „Der soziale Rechtsstaat" in dem von ihm mit herausgegebenen Handbuch des Verfassungsrechts sowie seinem vorläufig letzten Aufsatz „Resozialisierung als Verfassungsauftrag". Mit den zuletzt genannten Beiträgen sind inmitten der zahlreichen übrigen Veröffentlichungen zugleich die zentralen und immer wiederkehrenden Themenbereiche genannt, die – wie weitreichende Funkfeuer dem passionierten Segler Benda zur regelmäßigen und präzisen Standortbestimmung dienen – sowohl das andauernde Interesse für als auch die kontinuierliche Reflexion des Autors Benda über diese zentralen Fragen geleitet haben. Dabei konnte er – anders als viele Politiker, die in entsprechenden Handbüchern den Beruf des Anwalts anführen, ohne ihn je recht praktiziert zu haben – in gestandener, vielseitiger Praxis berufliche Erfahrung als Rechtsanwalt, als Parlamentarier-Minister und als Richter in die thematische Spannweite seiner juristischen und politischen literarischen Aktivitäten einbringen, die nicht alltäglich ist. Dies mag einerseits die Breite des Spektrums, andererseits die Bereitschaft, zu Tagesthemen Stellung zu nehmen, erklären. Gleichwohl sind die genannten Themen der Menschenwürde, der Sozialstaatlichkeit und der materiellen Gerechtigkeit eindeutig als Schwerpunkte im gesamten literarischen Werk nachzuzeichnen. Seine Beiträge zeigen zugleich – schon in der Zeit des parlamentarischen Wirkens – ganz wesentlich ein ausgleichendes und abwägendes Element. So etwa, wenn der Autor in seinem Vortrag von 1968 beim Hamburger Übersee-Club seinen Beitrag von 1949 über die „Studenten von heute“ mit dem Gedanken aufgreift und 1983 erneut betont, daß das Moment der Unruhe eher als ein für die demokratische Entwicklung allgemein positives Merkmal gewertet werden könne; eine Deutung, der jedenfalls heute kaum jemand grundsätzlich widersprechen wird.

Der Rechtsanwalt, Politiker und Richter Ernst Benda hat bei aller Belastung durch die täglichen Anforderungen seines Berufes die Zeit und die Kraft zu diesem umfassenden literarischen Wirken gefunden. Er ist nie der Verlockung einer vermeintlichen Wissenschaftlichkeit erlegen, nach der nur das Hochkomplizierte eigentlich wahr sein kann, oder, wie der Psychologe Görres formuliert hat, nach der ein schlichtes Segelboot zu besteigen sich nur der traut, der vorher die physikalischen Formeln der Winddynamik studiert hat. Diese Art Wissenschaftlichkeit ist ganz gewiß nicht Ziel von Ernst Bendas literarischem Wirken, vielmehr war und ist es die Kunst, die Segel auf Wind und Wellen einzustellen und im Ruder die Strömung zu spüren.

Ein Autor, der selbst zahlreiche Geleitworte, Vorworte und Nachworte verfaßt hat, der mit dem Satz von der „Rechtsgewährung als knappem Gut“ und dem von der „Last des letzten Wortes“ inzwischen klassische Zitate geprägt hat, wird als scheidender Präsident, der Bild und Stil des Gerichts während dieser 12 Jahre entscheidend mitbeeinflußt hat, sicherlich auch künftig, wie er es früher einem scheidenden Richterkollegen einmal vorhersagte, von sich hören lassen. Dann zwar befreit von der Last des letzten amtlichen Wortes, aber, wie es sich für einen Berliner gehört, mit der neuen Chance eines „allerletzten“ literarischen Wortes.

Karlsruhe, Herbst 1983

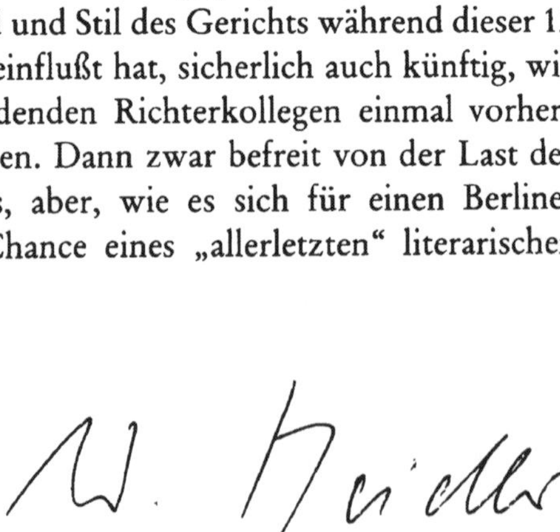

Vorbemerkung

Die Bibliographie Ernst Benda aufzuarbeiten fiel nicht leicht. Der Jurist, Politiker, Parlamentarier und schließlich „höchste Richter“ in der Bundesrepublik Deutschland (1971–1983) hat in seinem bisherigen Werdegang meist zu aktuellen Problemen Stellung genommen und entsprechend groß war das Interesse an der Aufnahme und Wiedergabe im Schrifttum. Der Bibliograph war aufgerufen, sich bei der Zusammenstellung auf das Wesentliche zu beschränken. Jede der immer bedeutsamen Äußerungen aufzunehmen, in der Presse oft an mehreren Stellen abgedruckt, wäre dem Ganzen wohl nicht dienlich gewesen. Das komplette Pressematerial, in dem sich vor allem bei Politikern ein Großteil ihres Wirkens widerspiegelt, hätte den Rahmen der Bibliographie gesprengt. Diese Aufgabe sollte dem Historiker für spätere Jahre überlassen bleiben.

Für den Bibliographen blieb Material genug, Veröffentlichungen in Fülle, die die Persönlichkeit des Autors näherbringen und auch die Wechselbeziehungen zur jeweiligen Berufs- und Amtsstellung aufzeigen. Herausgehoben werden sollen hier vor allem die Vorträge, Schriften und Äußerungen, die das Ringen Bendas um die Verlängerung des Verjährungsfrist für nationalsozialistische Gewaltverbrechen deutlich machen, sein Bemühen um die Erhaltung und den Ausbau des sozialen Rechtsstaates belegen sowie sein Bestreben zeigen, zur Verteidigung der Grundrechte beizutragen. Die über 400 Abhandlungen von ihm (Abt. A) und über ihn (Abt. B) geben darüber in überzeugender Weise Aufschluß.

Die Bibliographie ist chronologisch geordnet und mit einem feingegliederten Stichwortregister versehen.

Karlsruhe, im Herbst 1983 Franz Schneider

A. Veröffentlichungen

1948

1. Blitzableiter. (Betr.: Sauberkeit der Personalpolitik der CDU). In: Blätter für die Berliner Union. 1948, H. 2. (Oktober). S. 11–12.
2. Die Verantwortung christlicher Politiker. In: Blätter für die Berliner Union. 1948, H. 4. (Dez.). S. 13–14.

1949

3. Blitzableiter. (Betr.: Vorstand für die Berliner Union). In: Blätter für die Berliner Union. 1949, H. 5. S. 15–16.
4. Mangelnde Zivilcourage. In: Blätter für die Berliner Union. 1949, 10 (Juli). S. 12–13.
5. Die Pressepolitik der Union. In: Blätter für die Berliner Union. 1949, 11. (August). S. 25–27.
6. Studenten von heute. In: Der Tag vom 18. 4. 1949.

1950

7. Germany, Years five. In: The Wisconsin Athenaen. Vol. 1. 1950, Nr. 2. S. 7–10.

1956

8. Abgrenzung nach rechts. In: Informationen der Jungen Union Deutschlands. 1956, Nr. 11/12. S. 10–15.

1958

9. Politik für Morgen. In: Colloquium. 1958, H. 2. S. 9–10.

1959

10. „Berlin ist und bleibt Bundesgebiet." Eine Betrachtung über Grundlagen der politischen, wirtschaflichen und rechtlichen Verflechtung. In: Spandauer Volksblatt vom 9. 7. 1959.
11. Halbzeit im Bundestag. In: Spandauer Volksblatt vom 12. 8. 1959, 13. 8. 1959, 14. 8. 1959, 15. 8. 1959.

1960

12. Die Bekämpfung des Ungeistes. Zum „Gesetz gegen Volksverhetzung". In: Tagesspiegel vom 13.1.1960 und 27.3.1960.

1961

13. Kein Befehlsnotstand für „Volkspolizei". Registrierung von SED-Verbrechen. In: Spandauer Volksblatt vom 16.10.1961.
14. Zum Gesetzentwurf über die Ein- und Ausreise zwischen den beiden Teilen Deutschlands. Ein Rundfunkgespräch im Hessischen Rundfunk am 20.1.1961, 15.20 Uhr. Gesprächspartner: Werner Ernenputsch.

1962

15. Zur Regelung des Parteiausschlusses von CDU-Mitgliedern. Mit Replik von Helmut Lenz und Christoph Sasse. In: Juristenzeitung Jg. 17. 1962. S. 432–433.

1963

16. Notstandsverfassung und Arbeitskampf. Berlin: Selbstverl. 1963. 32 S.

1964

17. Frieden entsteht nicht durch Vergessen. Viele Täter sind unbelehrbar. In: Rheinische Post vom 28.11.1964. 2 S.
18. Für längere Verjährungsfrist (für alle von den Führern und Handlangern des nationalsozialistischen Regimes begangenen schwersten Verbrechen). In: Deutsche Korrespondenz. 1964, 50. S. 6–7.
19. Über seine abweichende Meinung zur Verjährung von NS-Verbrechen. Rundfunkgespräch im Westdeutschen Rundfunk am 24.11.1964. 2 gez. Bl.

1965

20. Bilanz nach zwanzig Jahren. Schande und Hoffnung – Ende oder Anfang? In: Kommunität-Vierteljahreshefte der Evangelischen Akademie Berlin. Nr. 35. 1965 (Juli). S. 88–98.
21. Deutschland ohne Notstandsrecht. In: Deutsche Korrespondenz. 1965, 22. S. 2–3.

22. Erwiderung auf Prof. Dr. Helmut Karl Johannes Ridders Thesen gegen die Verabschiedung der Notstandsverfassung und der einfachen Notstandsgesetze. Bonn 1965. 11 S.
23. Schriftlicher Bericht des Rechtsausschusses 1965 (12. Ausschuß) über den von der Bundesregierung eingebrachten Entwurf eines ... Gesetzes zur Ergänzung des Grundgesetzes ... A. Bericht des ... (Ernst) Benda. B. Antrag des Ausschusses. S. 1–38. In: Verhandlungen des Deutschen Bundestages. Bonn. 4. Wahlper. 1965. Drucks. 4/3494.
24. Die SPD sagt „Nein" (zur Notstandsregelung). In: Stern. 1965, Nr. 26. S. 96–97.
25. Stimmungsmache bewältigt nicht. In: Eichholz-Brief. 1965, Nr. 1. S. 11–14.
26. Der Trick mit der kaum verhüllten Amnestie. Erwiderung an Justizminister Haußmann. In: Stuttgarter Zeitung vom 12. 6. 1965.
27. Die Verjährung nationalsozialistischer Straftaten. In: Verhandlungen des Deutschen Bundestages. 4. Wahlperiode. Stenographische Berichte. 170. Sitzung; Bonn, den 10. 3. 1965. S. 8519–8526. 175. Sitzung; Bonn, den 25. 3. 1965. S. 8770–8771. Auch in: Benda. Der Rechtsstaat in der Krise. 1972. S. 43–65.
28. Verjährung und Rechtsstaat. Verfassungsprobleme der Verlängerung strafrechtlicher Verjährungsfristen. Berlin: Colloquium Verl. (1965). 30 S.
29. Verjährung und Rechtsstaat. Verfassungsprobleme der Verlängerung strafrechtlicher Verjährungsfristen. (2. Aufl.). Berlin: Colloquium (1965). 30 S.
30. Verjährungsfrist. In: Echo der Zeit vom 7. 2. 1965, Nr. 6.
31. Zur Begründung des Entwurfs eines Achten Strafrechtsänderungsgesetzes (Betr.: Verjährung von Nazi-Verbrechen). In: Stenographischer Sitzungsbericht über die 170. Sitzung des Deutschen Bundestages vom 10. 3. 1965 – 4. Wahlperiode – S. 8519–8526.

1966

32. Es geht um den Rechtsstaat. In: Berliner Politik, Juni 1966. S. 4.
33. Freies Geleit für Mörder? In: Deutsche Korrespondenz. 1966, 18. S. 4–5.

34. Industrielle Herrschaft und sozialer Staat. Wirtschaftsmacht von Großunternehmen als gesellschaftspolitisches Problem. Göttingen: Vandenhoeck & Ruprecht 1966. 622 S.
35. Notstandsregelung in den NATO-Staaten. Überall Abweichen von der Normalverfassung. Rechte der Parlamente beschränkt. Bundesrepublik zum Teil im Rückstand. In: Bayern Kurier vom 4.6.1966. S.16.
36. Die Notstandsverfassung. Im Anh.: Der Regierungsentwurf, der Entwurf des Rechtsausschusses des Bundestages und die Stellungnahme der Sozialdemokratischen Partei Deutschlands. (4. und 5. unveränd. Aufl.). München, Wien: Olzog (1966). 160 S. (Geschichte und Staat. Bd. 113.).
37. Nur moralisch? In: Die Tribüne. 1966, Nr. 17. S. 1793.
38. Parlament bewährte sich. In: Deutsche Korrespondenz vom 29.10.1966. S.3.
39. Das Verhältnis von Ethik und Recht. In: Politisch Soziale Korrespondenz. 1966, 4. S.5–9. Auch in: Benda. Der Rechtsstaat in der Krise. Stuttgart: Seewald 1972. S.66–75.

1967

40. Die Änderung des Wahlrechts in der Sicht der Parteien. In: Mehrheitswahlrecht – Ende aller Krisen? Mülheim a.d. Ruhr: Ev. Akademie Rheinland-Westfalen. 1967. Bl. 63–69. Auch in: Die Mitarbeit. Jg. 16. 1967. S. 260–272.
41. Die aktuellen Ziele der Wirtschaftspolitik und die tragenden Grundsätze der Wirtschaftsverfassung. In: Neue Juristische Wochenschrift. Jg. 20. 1967. S. 849–853.
42. Ansprache aus Anlaß des 1. öffentlichen Anhörungsverfahrens zum Regierungsentwurf einer Notstandsverfassung am 9.11.1967. Bonn 1967 (Masch. Schr.) 30 gez. Bl.
43. Bedeutung und Garantie des Eigentums in unserem sozialen Rechtsstaat. Vortrag, gehalten auf dem Zentralverbandstag 1967 in München. Düsseldorf: Verlag Deutsche Wohnungswirtschaft 1967. 25 S. (Schriften des Zentralverbandes der Deutschen Haus- und Grundeigentümer e. V. H. 18.).
44. Der gegenwärtige Stand der Notstandsdiskussion. In: Politisch-soziale Korrespondenz. 1967, 2. S. 3–5.
45. Geschichte und Kultur – Spiegel der Vielfalt. 3 Studien von Ernst Benda, Gotthold Rhode (und) Heinz Landendorf.

Hrsg. im Auftr. d. Deutschen Sängerschaft (Weimarer CC) von Günther von Lojewski. Bielefeld: Gieseking 1967. 40 S.

46. Mehrheitswahl stärkt Volkseinfluß. In: Neue Rheinzeitung vom 8. 4. 1967. 2 S.
47. Menschliche Begegnung zwischen Israel und Deutschland bestärken. In: Deutschland-Berichte. 1967, 3. S. 17–21.
48. Notparlament – Ja oder Nein? In: Deutsche Korrespondenz. 1967, Nr. 46. S. 5–6.
49. Die Notstandsfrage vor der Entscheidung. In: Die neue Ordnung in Kirche, Staat, Gesellschaft, Kultur. Jg. 21. 1967. S. 120–124.
50. Notstandsgesetzgebung und Wirtschaft. Keine Täuschung über tiefgreifende Auswirkungen. In: Der Arbeitgeber. Jg. 19. 1967. S. 386–390.
51. Ein Parlament für den Notstand. In: Civis. 1967, Nr. 2. S. 11–12.
52. Parteien müssen sich stellen. In: Die Entscheidung. Jg. 16. 1968. 10. S. 25–27.
53. Politische Verantwortung akademischer Jugend. Vortrag vor CC/DS auf der Gesamtdeutschen Tagung 1967. In: Der Convent. 1967. S. 84–88. Auch in: Deutsche Sängerschaft. H. 72. 1967. S. 11–18.
54. Schulklassengespräch mit Bundesminister Ernst Benda am 1. 3. 1969 in der Walther-Rathenau-Oberschule in Berlin. In: Wie stehen Sie dazu? Jugend fragt Prominente. 2. Auflage. München und Bern: Scherz 1967. S. 26–40.
55. Soziale Marktwirtschaft und Wirtschaftsdemokratie. In: Gesellschaftspolitische Kommentare. 1967, Nr. 8. S. 85–88.
56 Wie nötig sind die Notstandsgesetze? Vor der Bundestagsdebatte: Staatssekretär Ernst Benda und Professor Helmut Ridder beantworten zehn Fragen der ZEIT. In: Die Zeit. 1967, 25 v. 23. 6. 1967. S. 3.
57. Zum Entwurf eines Arbeitssicherstellungsgesetzes. 5. Notstands-Hearing des Rechts- und Innenausschusses des Deutschen Bundestages. In: Bulletin des Presse- und Informationsamtes der Bundesregierung vom 15. 12. 1967. S. 1249–1251.

1968

58. Aufgaben der Innenpolitik. In: Deutschland-Union-Dienst. 1968, 86. S. 1–4.

59. Auftrag und Chance der parlamentarischen Demokratie. Schutz der freiheitlichen Demokratie. In: Bulletin des Presse- und Informationsamtes der Bundesregierung. 1968, S. 425–430.
60. Beamtentum in unserer Zeit. Grundsätzliches zu einem aktuellen Problem. Rede, gehalten auf dem 7. Dt. Beamtentag in Bremen. In: Das Parlament. 1968, 51/52. S. 13–14.
61. Bericht der Bundesregierung zur innenpolitischen Situation. In: Verhandlungen des Deutschen Bundestages – 5. Wahlperiode – Stenographische Berichte. Bd. 67, 169. Sitzung am 30. 4. 1968. S. 8989–8998. Auch in: Benda. Der Rechtsstaat in der Krise. Stuttgart: Seewald 1972. S. 119–141.
62. Bilanz nach den Osterkrawallen: Demokratische Ordnung ist und bleibt gewahrt. In: Das Parlament. 1968, Nr. 17, v. 24. 4. 1968. S. 1–2.
63. Blick von der Tribüne. Verbieten oder theoretisch niederkämpfen? (Mit Beiträgen von:) Ernst Benda, (u. a.). In: Tribüne. Jg. 7. 1968. S. 3002–3029.
64. Europäische Raumordnung. In: Raum und Siedlung. 1968. H. 5. S. 125.
65. Für ein Verbot der NPD. Interview. In: Der junge Beamte. 1968, Dezember. S. 8–10.
66. Die innenpolitische Situation der Bundesrepublik. Kennzeichen unserer Zeit: Autoritätsverlust – Grundwerte des Staates verteidigen. In: Bulletin des Presse- und Informationsamtes der Bundesregierung. 1968. S. 773–777.
67. Kann der Staat mehr für den Sport tun? Volkswirt-Frage an Ernst Benda. In: Der Volkswirt. Jg. 22. 1968. Nr. 43. S. 32.
68. Nach der Verabschiedung der Notstandsverfassung. In: Zivilschutz. Jg. 32. 1968. S. 207–208.
69. Notstand und Arbeitsverfassung. In: Notstandsordnung und Gesellschaft in der Bundesregierung. Reinbek b. Hamburg: Rowohlt. 1968. S. 81–90.
70. Die Notstandsverfassung. Im Anhang: 17. Gesetz zur Ergänzung des Grundgesetzes und Erklärung der 3 Mächte. (8.–10. veränd. Aufl.). München, Wien: Olzog (1968). 160 S. (Geschichte und Staat. Bd. 113.).
71. Politische Führung und Verwaltungsorganisation. Hrsg.: Der Bundesminister des Innern. Efferen 1968: Drei Kronen Dr. 16 S. (Schwarz auf weiß. 6.) Auch in: Bulletin des

Presse- und Informationsamtes der Bundesregierung. 1968. S. 1307–1312. Auch in: Rationalisierung. Jg. 20. 1969. H. 1. S. 8–10, 19.

72. Probleme der europäischen Raumordnung. Rede, gehalten am 10. 5. 1968 vor der Beratenden Versammlung des Europarates in Straßburg. In: Bulletin des Presse- und Informationsamtes der Bundesregierung. 1968. S. 513–514.
73. Schöpferische Leistungen des deutschen Films. In: Bulletin des Presse- und Informationsamtes der Bundesregierung. 1968. S. 669–671.
74. Der SDS (Sozialistische Deutsche Studentenbund) ist verfassungsfeindlich. Welt-Interview mit dem Innenminister. In: Die Welt. Essen. 1968. Nr. 93, v. 20. 4. 1968. S. 1 und 6.
75. Die tragenden Prinzipien des Berufsbeamtentums. Die Verpflichtung des Beamten auf das Wohl der Allgemeinheit. Objektive Amtsführung und volle Dienstleistung nach dem Sinne der Dienstvorschriften. In: Bulletin des Presse- und Informationsamtes der Bundesregierung vom 29. 11. 1968. S. 1333–1337. Auch in: Der Gemeindetag. 1969. S. 45–50. Auch in: Staats- und Kommunalverwaltung. 1969. S. 3–8. Auch in: Benda: Der Rechtsstaat in der Krise. Stuttgart: Seewald 1972. S. 157–172.
76. Verpflichtung zum Schutz der freiheitlichen Demokratie. Erklärung, abgegeben in der 173. Sitzung des Dt. Bundestags am 10. Mai 1968. In: Bulletin des Presse- und Informationsamtes der Bundesregierung. 1968. S. 489–490.
77. Vom Sinn moderner Olympischer Spiele. Ansprache am 27. 11. 1968. In: Bulletin des Presse- und Informationsamtes der Bundesregierung. 1968. S. 1330.
78. Was tun Sie gegen die Neonazis? Interview mit Christian Krämer. In: Die Tat, (Zürich) vom 10. 2. 1968.
79. Ziele und Aufgaben der politischen Bildungsarbeit. Vorstellungen der Bundesregierung über Akzente und Schwerpunkte der künftigen politischen Bildung. Stärkung des Bewußtseins vom Wert der freiheitlichen Staatsordnung und ihrer zeitgerechten Entwicklung. In: Bulletin des Presse- und Informationsamtes der Bundesregierung. 1968. S. 1273–1279.
80. Zur Dienstverpflichtung von Frauen im Bereich des Bundesgrenzschutzes und des Sanitäts- und Heilwesens. In: Ver-

handlungen des Deutschen Bundestages – 5. Wahlperiode – Stenographische Berichte. Bd. 67, 174. Sitzung vom 15. 5. 1968. S. 9351–9354.

1969

81. Ansprache des Bundesministers des Innern aus Anlaß der Bremer Schaffer-Mahlzeit 1969. Bonn: BMI, Referat für Öffentlichkeitsarbeit 1969. 11 S. (BMI. Dokumentation. 5/69.).
82. Die armen Richter ... Prozesse um Demonstrationen. In: Die politische Meinung. Jg. 14. 1969. S. 51–53.
83. Ausbildung und Fortbildung im öffentlichen Dienst. Die Vorstellungen des Bundes. Ein System von vier Stufen. Bundesakademie für den höheren Dienst geplant. In: Staatsanzeiger für Baden-Württemberg. 1969, 32. S. 1–2.
84. Beitrag zu Fragen der Verfassungs- und der Kabinettsreform in der Debatte über die Regierungserklärung Bundeskanzler Brandts. In: Benda: Der Rechtsstaat in der Krise. Stuttgart: Seewald 1972. S. 227–234.
85. Die Förderung des Leistungssports. Ausführungen des Bundesministers des Innern vor dem Innenausschuß des Dt. Bundestages am 23. 1. 1969. Bonn: BMI, Referat für Öffentlichkeitsarbeit 1969. 11 S. (BMI. Dokumentation. 1/69.).
86. Fundament der Freiheitlichkeit. 20 Jahre Grundgesetz. In: Das Parlament. 1969, 20. S. 1–2. Auch in: BMI-Informationen. 1969. 7., S. 2–11. Auch in: Deutschland-Union-Dienst. 1969, 94. S. 2–4.
87. Das geltende Wahlrecht für die Bundesrepublik Deutschland. In: Bulletin des Presse- und Informationsamtes der Bundesregierung. 1969. S. 997–998.
88. Die Herausforderung unserer Zeit: Politische Reformen. Zukunftsbild des öffentlichen Dienstes – Mehr Wendigkeit durch Großreferate und Arbeitsgruppen. Fortentwicklung der Prognosetechniken – Neue Informationssysteme und Erfolgskontrollen. Rede bei der Jahrestagung des Dt. Beamtenbundes am 9. 1. 1969. In: Bulletin des Presse- und Informationsamtes der Bundesregierung. 1969, Nr. 3. S. 29–32. Auch in: Wittkämper, Gerhard Wilhelm: Funktionale Verwaltungsreform. Bonn-Bad Godesberg: Godesberger Taschenbuch-Verl., Stuttgart: Kohlhammer 1978. S. 266–275.

89. Ernst Benda kritisiert Rechtsprechung. „Subjektive Werturteile von Richtern". „Rückfall in die Zeit vor der Paulskirchen-Verfassung von 1848." In: Der Journalist. Jg. 19. 1969, 5. S. 2–3.
90. Kann der Staat mehr für den Sport tun? In: Der Volkswirt. 1969, Nr. 43.
91. Neuordnung der Aufgaben des Katastrophenschutzes. Rede auf d. Delegiertentag 1969 des Deutschen Feuerwehrverbandes am 14. 9. 1969. In: Bulletin des Presse- und Informationsamtes der Bundesregierung. 1969. S. 1008–1010. Auch in: Selbst-Rundschau. 1969, H. 10, S. 6–7.
92. Notwendigkeit dienstlicher Fortbildung in der öffentlichen Verwaltung. Reden, gehalten auf dem Festakt zur Errichtung der Bundesakademie für öffentliche Verwaltung am 28. August 1969 in Bad Godesberg. Zusammen mit Kurt Georg Kiesinger. In: Bulletin des Presse- und Informationsamtes der Bundesregierung. 1969, 110. S. 937–940.
93. Der öffentliche Dienst in unserer Zeit. Rede auf der 11. Beamtenpolitischen Arbeitstagung des Deutschen Beamtenbundes vom 9.–11. Januar 1969. (Bonn: Bundesminister des Innern, Referat Öffentlichkeitsarbeit). 1969. 6 ungez. Bl. (BMI-Dokumentation. 1969, 2.).
94. Die parlamentarische Demokratie in der pluralistischen Gesellschaft. Rede auf d. 5. Verbandstag d. Christl. Metallarbeiterverbandes Deutschlands am 12. 7. 1969 in Köln. In: Bulletin des Presse- und Informationsamtes der Bundesregierung. Bonn. 1969. Nr. 94. S. 805–809. Auch in: Benda: Der Rechtsstaat in der Krise. Stuttgart: Seewald 1972. S. 210–226.
95. Politische Führung und Verwaltungsorganisation. In: Rationalisierung. 1969, 1. S. 8–10, 19.
96. Probleme der dienstlichen Fortbildung im öffentlichen Dienst. Rede im Innenausschuß am 27. Febr. 1969. In: Bulletin des Presse- und Informationsamtes der Bundesregierung. 1969. Nr. 26. S. 222–224. Auch in: BMI. Dokumentation. 6/69. S. 3–10.
97. Probleme der politischen Bildungsarbeit. In: Politisch-soziale Korrespondenz. 1969, 9. S. 3–6.
98. „Die Radikalen im Visier." Interview. In: Christ und Welt. 1969, 33 v. 15. 8. 1969. S. 5–6.

99. Die räumliche Entwicklung des Bundesgebietes bis zum Jahre 1980. In: Bulletin des Presse- und Informationsamtes der Bundesregierung. 1969. S. 287–289.
100. Rechtspolitische Grundsätze und Vorschläge für die 6. Legislaturperiode. In: Zeitschrift für Rechtspolitik. 1969. S. 210–212.
101. Reform und Vereinheitlichung des Disziplinarrechts von Bund und Ländern. In: Der Deutsche Beamte. 1969. S. 108–109.
102. Reform der Verwaltungsorganisation und des öffentlichen Dienstes. In: Der Landkreis. 1969. S. 347–348.
103. Reformen um jeden Preis. In: Berliner Politik, März 1969. S. 2.
104. Situation der Zeitungen in der Bundesrepublik. In: ZV u. ZV. Bad Godesberg. Jg. 66. 1969. S. 600–692.
105. Soll man Parteien verbieten? Wie die Bundesrepublik den Radikalismus bekämpfen will. In: Deutsche Korrespondenz. 1969, 5. S. 2–3.
106. Stärkung des Vertrauens in den demokratischen Rechtsstaat. Das Problem der Unruhe der jungen Generation als Zentralthema der dt. Innenpolitik. Modernisierung von Regierung u. Verwaltung. Notwendige Parlamentsreform. Bekenntnis zu den unantastbaren Grundwerten der Verfassung. Bonn: BMI, Referat für Öffentlichkeitsarbeit 1969. 19 S. (BMI. Dokumentation. 4/69.). Auch in: Bulletin des Presse- und Informationsamtes der Bundesregierung. 1969. S. 49–53. Auch in: Benda: Der Rechtsstaat in der Krise. Stuttgart: Seewald 1972. S. 173–190.
107. Streitbare Demokratie. Ein Gespräch mit Ernst Wahl. In: Rheinischer Merkur vom 7. 2. 1969. S. 16.
108. Die tragenden Prinzipien des Berufsbeamtentums. In: Die Personalvertretung. Jg. 12. 1969. H. 5. S. 123–130.
109. Unantastbare Verfassungswerte. Auszug aus einer Rede, geh. am 16. 1. 1969 in Hamburg. In: Deutsche Richterzeitung. 1969. S. 69–70.
110. Der unbegreifliche Gott. In: Nein und Amen. Versuche mit der Bibel. Hrsg. von Manfred Linz. Gütersloh: Mohn 1969. S. 137–145.
111. Verfassungsprobleme der Großen Koalition. In: Bulletin des Presse- und Informationsamtes der Bundesregierung. 1969.

S. 761–763. Auch in: Die Große Koalition 1966–1969. Eine kritische Bestandsaufnahme. Freudenstadt: Eurobuch-Verl. 1969. S. 162–168.

112. Das Verhältnis der freien Presse zum Staat. Unabhängigkeit und Freiheit der Presse. Partnerschaft um der Gemeinsamkeit des Zieles willen. Bonn: BMI, Referat für Öffentlichkeitsarbeit 1969. 10 S. (BMI. Dokumentation. 7/69.). Auch in: Bulletin des Presse- und Informationsamtes der Bundesregierung. 1969. S. 440–442. Auch in: Zeitungs-Verlag und Zeitschriften-Verlag. Jg. 66. 1969. S. 860–862.

113. Verpflichtung zum Schutz der freiheitlichen Demokratie. Mahnung zur Aufrechterhaltung von Sicherheit und Ordnung – Achtung vor Recht und Gesetz ... zu den Demonstrationen der Gegner einer Notstandsregelung in Bonn. In: Bulletin des Presse- und Informationsamtes der Bundesregierung vom 11. 5. 1968. S. 489–490.

114. Verstärkte Förderung des Sports. Rede vor dem Innenausschuß des Dt. Bundestages anläßl. des 1. öffentl. Sport-Hearings am 23. Jan. 1969. In: Bulletin des Presse- und Informationsamtes der Bundesregierung. 1969, Nr. 10. S. 84–87.

115. Vertrauen in den Rechtsstaat. In: Limes. 1969, 1 (März). S. 4–7.

116. Der Wahlkampf wird geschützt. Interview. In: Deutschland-Union-Dienst. 1969, 154. S. 1–4.

117. Das Wahlrecht bei der Bundestagswahl. In: Staatsanzeiger für Baden-Württemberg. 1969. 75. S. 2.

118. Warum werden die Deutschen numeriert. Ein Interview mit Peter Stähle. In: Stern. 1969, 17. S. 69.

119. Ziele und Elemente künftiger politischer Bildungsarbeit. Aufgabe und Bedeutung der Bundeszentrale für politische Bildung. Entwicklung neuer Methoden und Schwerpunkte. Möglichkeiten und Grenzen. Bonn: BMI, Referat für Öffentlichkeitsarbeit 1969. 10 S. (BMI. Dokumentation. 3/69.). Auch in: Bulletin des Presse- und Informationsamtes der Bundesregierung. 1969, 5. S. 41–42, 44–45.

120. Zukunftsbild des öffentlichen Dienstes. In: Zukunftsbezogene Politik. Notwendigkeit, Möglichkeiten, Grenzen. Bad Godesberg: Verlagsanstalt des Dt. Beamtenbundes – Deutscher Beamtenverl. 1969. S. 19–29. (Godesberger Taschen-

bücher. Nr. 4.). Auch in: Die Personalvertretung. 1969. S. 166–172.

121. Zur Errichtung der Bundesakademie für öffentliche Verwaltung. Ansprache, gehalten aus Anlaß des Festaktes am 28. 8. 1969 in Bd. Godesberg. In: Der Städtebund. 1969. S. 218–220.

122. 20 (Zwanzig) Jahre Grundgesetz. In: Bulletin des Presse- und Informationsamtes der Bundesregierung. 1969. S. 569–575. Auch in: Der Gemeindetag. 1969. S. 259–263. Auch in: Juristische Praxis. H. 162. 1969. S. 1–9. Auch in: Zeitschrift für Sozialreform. 1969. S. 411–419.

1970

123. Analyse des Biedenkopf-Berichtes. In: Soziale Ordnung. 1970. 4. S. 4.

124. Die Förderung des Leistungssports. Referat in Informationssitzung des Innenauschusses des Dt. Bundestags vom 23. 1. 1969. In: Lange, Alfred: Redner und Rede. Ein Sachbuch der Überzeugungsrede mit Originalbeiträgen. Rottweil: Aktuelle Texte 1970. S. 167–173.

125. Folgerungen für die Partei und die Parteivereinigungen. In: Georg Gölter u. Elmar Pieroth: Die Union in der Opposition. Düsseldorf, Wien: Econ. 1970. S. 130–152.

126. Fünf Jahre diplomatische Beziehungen mit Israel. In: Deutschland-Union-Dienst vom 14. 8. 1970. S. 1–3. Auch in: Benda: Der Rechtsstaat in der Krise. Stuttgart: Seewald 1972. S. 252–253.

127. Verfassungsreform. In: Deutschland-Union-Dienst. 1970. 76. S. 1–2.

128. Die Verjährung nationalsozialistischer Gewaltverbrechen. In: Staatslexikon. Recht, Wirtschaft, Gesellschaft. Hrsg. von der Görres-Gesellschaft. 6. völl. neu bearb. u. erweit. Auflage. Bd. 11. (3. Erg. Bd.). Freiburg i. Br.: Herder 1970. S. 583–590.

1971

129. Folgerungen für die Partei und die Parteivereinigung. In: Gölter, Georg, Elmar Pieroth: Die Union in der Opposi-

tion. 2. Aufl. Düsseldorf, Wien: Econ Verl. 1971. S. 132–154.

130. Kein Blankoscheck für Grundgesetzänderung. In: Deutschland-Union-Dienst. 1971, 214. S. 1–2. (Betr.: Enquête-Kommission zur Verfassungsreform.).

131. Politisierte oder politisch bewußte Justiz? In: Deutschland-Union-Dienst. 1971, 126. S. 1–2.

132. Präsidentenwechsel beim Bundesverfassungsgericht. In: Deutsche Richterzeitung. Köln. Jg. 50. 1972. S. 7–11. (Mit Auszügen aus den Reden von Gustav Heinemann, Gerhard Jahn, Gebhard Müller, Ernst Benda).

133. Regierung versucht Kampf gegen Linksradikale zu verschleiern. In: Die Welt. 1971, Nr. 223 v. 25. 9. 1971.

134. Das Verbrechen darf nicht überhandnehmen. In: Deutschland-Union-Dienst. 1971, Nr. 116. S. 3–4.

135. Verdiente Abgeordnete – gute BVG-Richter. In: Badische Neueste Nachrichten vom 24. 12. 1971 (Weihnachtsteil.).

136. Verfassungsrechtliche Grenze der Justizpolitik. In: Justizpolitischer Kongreß am 2. u. 3. 7. 1971 in Braunschweig. Hannover-Herrenhausen: CDU in Niedersachsen. 1971. S. 9–21.

137. Dem Wohl der Allgemeinheit verpflichtet. Interview. In: Dt. Tagespost. 1971, 147 v. 10./11. 12. 1971. S. 4.

1972

138. Abschiedsrede vor der Bundestagsfraktion der CDU/CSU am 6. Dezember 1971 nach der Wahl zum Präsidenten des Bundesverfassungsgerichts. In: Benda: Der Rechtsstaat in der Krise. Stuttgart: Seewald. 1972. S. 296–300.

139. Ansprache bei der Schaffer-Mahlzeit in Bremen. In: Benda: Der Rechtsstaat in der Krise. Stuttgart: Seewald. 1972. S. 191–200.

140. Der befangene und der unbefangene Richter. Rede bei der Amtseinführung als Präsident des Bundesverfassungsgerichts am 8. 12. 1971. In: Benda: Der Rechtsstaat in der Krise. Stuttgart: Seewald. 1972. S. 301–308.

141. Die Befangenheit des Richters. In: Zum Nachdenken. 42. 1972. S. 8–12.

142. Beitrag zu Fragen der Verfassungs- und der Kabinettsreform in der Debatte über die Regierungserklärung Bundeskanzler Brandts. Auszug aus dem Protokoll des Dt. Bundestages

vom 30.10.1969. In: Benda: Der Rechtsstaat in der Krise. Stuttgart: Seewald. 1972. S. 227–234.

143. Demoskopie und Recht. Festvortrag anläßlich des 25jährigen Jubiläums des Instituts für Demoskopie Allensbach in Bonn am 6. Juni 1972. Allensbach & Bonn: Verl. für Demoskopie 1972. 19 S. Auch in: Juristenzeitung. 1972. S. 497–501. Auch in: Jahrbuch der öffentlichen Meinung. 1968–1973. Allensbach & Bonn: Verl. für Demoskopie. 1974. S. XXIX–XL.

144. Das Dilemma des Rechtsstaates. Bewährung im Alltag ist ein wichtiges Stück Verfassungsschutz. In: Frankfurter Allgemeine Zeitung. 1972, 248 v. 25.10.1972. S. 14–15.

145. Die Dritte Gewalt im sozialen Rechtsstaat. Rede auf dem Justizpolitischen Kongreß der Christlich/Demokratischen Union Niedersachsen am 2.7.1971 in Braunschweig. In: Benda: Der Rechtsstaat in der Krise. Stuttgart: Seewald. 1972. S. 282–295. Auch in: Badische Neueste Nachrichten. 1971, 271 v. 20.11.1971. S. 5. (Auszug).

146. Die Familie in der Verfassungsordnung der Bundesrepublik Deutschland. Gekürzter Nachdruck eines Vortrages, den der Präsident des Bundesverfassungsgerichts am 11.7.1972 in Warendorf gehalten hat. In: Familienpolitische Informationen. 1972, 10. S. 75–77. Auch in: Die Stimme der Familie. 1972, 10. S. 68–69 (Auszug).

147. Freizügigkeit – ein Grundrecht für alle Deutschen. Auszug aus dem Protokoll des Deutschen Bundestages vom 20.1.1961. In: Benda: Der Rechtsstaat in der Krise. Stuttgart: Seewald. 1972. S. 31–42.

148. Fünf Jahre diplomatische Beziehungen mit Israel. In: Benda: Der Rechtsstaat in der Krise. Stuttgart: Seewald. 1972. S. 108–118.

149. Geleitwort zu: Schneider, Franz: Bibliographie Gerhard Leibholz. Tübingen: Mohr 1972. S. 1.

150. Interview der Woche im Deutschlandfunk mit dem Präsidenten des Bundesverfassungsgerichts. Ernst Benda (zum Thema: Parlamentarier als Verfassungsrichter). (Interviewer:) Henning Frank. Deutschlandfunk 1972. 17 gez. Bl. (Masch. Schr.). Abschrift der Rundfunksendung vom 9.4.1972.

151. Mut zu kämpfen – Mut zu siegen. Erste Rede im Bundestag als Bundesminister des Innern am Tage nach der Amtsüber-

nahme in der Debatte über den Haushalt des Bundesministeriums 1968. Auszug aus dem Protokoll des Dt. Bundestages vom 3.4.1968. In: Benda: Der Rechtsstaat in der Krise. Stuttgart: Seewald. 1972. S.108–118.

152. Norm und Wirklichkeit der Pressefreiheit. Rede aus dem Festakt der Jahrestagung des Bundesverbandes Dt. Zeitungsverleger am 24.4.1969 in Bad Godesberg. In: Benda: Der Rechtsstaat in der Krise. Stuttgart: Seewald. 1972. S.201–209.

153. Probleme der inneren Sicherheit. Rede auf der Fachtagung „Verbrechensbekämpfung" der Politischen Akademie Eichholz am 4.6.1971. In: Benda: Der Rechtsstaat in der Krise. Stuttgart: Seewald. 1972. S.267–281.

154. Recht und Moral. Die Verjährung nationalsozialistischer Straftaten. Auszug aus dem Protokoll des Dt. Bundestages v. 10.3.1965 und 25.3.1965. In: Benda: Der Rechtsstaat in der Krise. Stuttgart: Seewald. 1972. S.43–65.

155. Der Rechtsstaat in der Krise. Autorität und Glaubwürdigkeit der demokratischen Ordnung. Hrsg. von Manfred Hohnstock. Stuttgart: Seewald (1972). 314 S. Auch in: Freiheitliche demokratische Grundordnung. Bd. 1. Frankfurt a.M.: Suhrkamp 1977. S.396–418 (Auszug).

156. Der Rechtsstaat in der Krise. In: Benda: Der Rechtsstaat in der Krise. Stuttgart-Degerloch. 1972. S.9–30.

157. Rede vor dem Politischen Club der Evangelischen Akademie Tutzing vom 8.7.1968 über die politische Lage in der Bundesrepublik nach Verabschiedung der Notstandsgesetzgebung. In: Benda: Der Rechtsstaat in der Krise. Stuttgart: Seewald. 1972. S.142–156.

158. Rede zum Haushalt des Bundesinnenminiteriums 1970. Auseinandersetzung mit dem Amtsnachfolger Hans-Dietrich Genscher – einem fairen u. fähigen Gegner. Auszug aus dem Protokoll des Dt. Bundestages vom 5.6.1970. Verhandlungen des Deutschen Bundestages. 6. Wahlperiode. Stenographische Berichte. 57. Sitzung; Bonn, den 5.6.1970. S.3137–3144. In: Benda: Der Rechtsstaat in der Krise. Stuttgart: Seewald. 1972. S.235–251.

159. Das Ringen um die Notstandsgesetzgebung. Auszug aus dem Protokoll der l. öffentlichen Informationssitzung des Rechtsausschusses und des Innenausschusses des Dt. Bun-

destages v. 9.11.1967; das Protokoll des Dt. Bundestages vom 15.5.1968 u. v. 16.5.1968. In: Benda: Der Rechtsstaat in der Krise. Stuttgart: Seewald. 1972. S. 76–107.

160. Die Sicherung unserer Grundrechtsordnung. Festvortrag anläßlich der Jahrestagung 1972 des Bundesverbandes Dt. Zeitungsverleger in Köln am 26. April 1972. Bonn-Bad Godesberg: Bundesverband Dt. Zeitungsverleger 1972. 16 S. (BDZV-Schriftenreihe. H. 9.). Auch in: Conzepte 1973, H. 1. S. 12–18. Auszug in: ZV u. ZV 1972. S. 864.

161. Stärkung des Vertrauens in den demokratischen Rechtsstaat. Rede vor dem Überseeclub in Hamburg am 16.1.1969. In: Benda: Der Rechtsstaat in der Krise. Stuttgart: Seewald. 1972. S. 173–190.

162. Die tragenden Prinzipien des Berufsbeamtentums. Rede auf dem 7. Dt. Beamtentag des Dt. Gewerkschaftsbundes am 28.11.1968 in Bremen. In: Benda: Der Rechtsstaat in der Krise. Stuttgart: Seewald. 1972. S. 157–172. Auch in: Bulletin des Presse- und Informationsamtes der Bundesregierung. 1968. S. 1333–1337. Auch in: Der Gemeindetag. 1969, 2. S. 45–50. Auch in: Staats- und Kommunalverwaltung 1969, 1. S. 3–8.

163. Das Verhältnis von Ethik und Recht. Aus der Sicht der Gesetzgebung. In: Benda: Der Rechtsstaat in der Krise. Stuttgart: Seewald. 1972. S. 66–75. Auch in: Politisch-soziale Korrespondenz. 1966, 4. S. 5–9.

164. Verjährung der NS-Verbrechen. In: Verhandlungen des Dt. Bundestages. 4. Wahlperiode. Stenographische Berichte Bd. 57, 170. Sitzung v. 10.3.1965. S. 8519–S. 8526, Bd. 58, 175. Sitzung v. 25.3.1965. S. S. 8770–S. 8771.

165. Wirtschaftsordnung und Grundgesetz. Vortrag anläßlich der Mitgliederversammlung des V.C.I. am 13. Okt. 1972 in Baden-Baden. Frankfurt a. M.: Verband der Chemischen Industrie e. V. 1972. S. 3–12. (Schriftenreihe Chemie und Fortschritt. 1972. H. 4.). Auch in: Marktwirtschaft und soziale Verantwortung. Köln: Hanstein 1973. S. 185–200. Auch in: Freiheitliche demokratische Grundordnung. Bd. 1. Frankfurt a. M.: Suhrkamp 1977. S. 306–319.

166. Zur Mitbestimmung der Arbeitnehmer in Betrieb und Unternehmen. Rede in der Mitbestimmungsdebatte des Bundestages am 11.2.1971. Auszug aus dem Protokoll des

Dt. Bundestages vom 11.2.1971. In: Benda: Der Rechtsstaat in der Krise. Stuttgart: Seewald. 1972. S.255–266.

1973

167. „Bedroht Europa unsere Grundrechte?" Diskussion um das Vordringen des europäischen Rechts. Gesprächsteilnehmer: Ernst Benda (u.a.). Wiesbaden: Zweites Deutsches Fernsehen, Red. Recht und Justiz 1973. 14 gez. Bl. (Masch. Schr.). (Sendung „Recht im Gespräch." Protokoll. 16.4.1972).
168. Erwartete Eigentumsprozesse vor dem Bundesverfassungsgericht. „Das Interview." Bonn: Sender Freies Berlin, Redaktion Bonn 1973. 9 gez. Bl. (Masch. Schr.).
169. Grußwort anläßlich des Festakts zur Eröffnung der Deutschen Richterakademie, Trier, am 16. Februar 1973. Mainz 1973. In: Deutsche Richterakademie in Trier. Eine Dokumentation. Mainz: Selbstverl. 1973. S.17–18.
170. Sicherheit geht auf Kosten der Freiheit. In: Saarbrücker Zeitung vom 27.3.1973. S.2.
171. Sind Richter klüger als die Regierung? Bundesverfassungsgerichts-Präsident Ernst Benda über die Grenze zwischen Recht und Politik. Interview. In: Der Spiegel. 1973, 26. S.32–34. (Betr.: Verfassungsstreit um den Grundvertrag.)
172. Verfassungsrechtliche Grenzen der Besteuerung. Mit Karl Kreuzer. In: Deutsche Steuer-Zeitung. 1973, 4. S.49–57.
173. Vorwort zu: Heyde, Wolfgang und Peter Gielen: Die Hüter der Verfassung. Verfassungsgerichte im Bund und in den Ländern. Karlsruhe: C.F. Müller 1973. S.5–6.

1974

174. Aktuelle Fragen aus der Arbeit des Bundesverfassungsgerichts. Vortrag, gehalten am 28. Oktober 1974 (in) Karlsruhe. Karlsruhe 1974. 21, 2 gez. Bl. (Masch. Schr.).
175. Anwaltsseminar beim Bundesverfassungsgericht, 7.Nov. 1974. Einführung in praktische Fragen des Verfassungsbeschwerdeverfahrens. Karlsruhe 1974. 22 gez. Bl. (Masch. Schr.).
176. Eigentum und Eigentumsbildung. In: Zeitschrift für Sozialreform. Jg.20. 1974. S.1–19. Auch in: Bitburger Gepräche. Jahrbuch 1972/1973. Trier. 1974. S.53–69.
177. 25 Jahre Grundgesetz. Konzeption und Entwicklung. Vor-

trag in Rom am 6.6.1974 vor der Deutsch-Italienischen Juristengesellschaft und der Associazione Italiana Giuristi per la Libertà e i Diritti. Karlsruhe 1974. (Masch. Schr.) 21 gez. Bl. Vortrag, gehalten auch in Bad Teinach am 11.10.1974 (Christl. Jugenddorfwerk Deutschlands) u.d.T. „Anspruch u. Verwirklichung des Grundgesetzes".

178. Privatsphäre und „Persönlichkeitsprofil". Ein Beitrag zur Datenschutzdiskussion. In: Menschenwürde und freiheitliche Rechtsordnung. Festschrift für Willi Geiger zum 65. Geburtstag. Tübingen: Mohr 1974. S.23–44.

179. Rede aus Anlaß der Verleihung der Ehrendoktorwürde der Juristischen Fakultät der Bayerischen Julius-Maximilians-Universität Würzburg am 20.7.1974. Karlsruhe 1974. 8 gez. Bl. (Masch. Schr.).

180. Das Spannungsverhältnis von Grundrechten und übernationalem Recht. Festvortrag, gehalten auf dem Dt. Verwaltungsrichtertag in Würzburg. Unter Mitarbeit von Eckhart Klein. In: Dokumentation zum Deutschen Verwaltungsrichtertag 1974. München: Boorberg 1974. S.17–30. Auch in: Deutsches Verwaltungsblatt. (Jg. 89). 1974, S.389–396.

181. Trauerkundgebung in Berlin für den Präsidenten des Berliner Kammergerichts, Günter von Drenkmann, der am 10.11.1974 einem Mordanschlag zum Opfer fiel. Ansprache, gehalten am 21.11.1974 vor dem Schöneberger Rathaus. In: Bulletin des Presse- und Informationsamtes der Bundesregierung. 1974, 142. S.1422–1423.

182. Verfassungsanspruch – Verfassungswirklichkeit. Welchen Spielraum gibt das Grundgesetz zur Ausgestaltung der Gesellschaft? Sendung des Hessischen Rundfunks am 22.5.1974. Teilnehmer: Richard Löwenthal, Ernst Benda, Jürgen Baumann, Ludwig v. Friedeburg. Frankfurt a.M.: Hess. Rundfunk 1974. 42 gez. Bl. (Masch. Schr.)

183. Vom Sinn menschlichen Strafens. In: Hat Strafe Sinn? Freiburg i.Br., Basel, Wien: Herder. 1974. S.16–31.

184. Vortrag in englischer Fassung anläßlich einer Israel-Reise, gehalten Februar 1974 vor der Uni(versität) Tel Aviv und vor der Israelisch-Deutschen Industrie- und Handelskammer in Tel Aviv. Karlsruhe 1974. 17 gez. Bl. (Masch. Schr.)

185. Zweite Konferenz der europäischen Verfassungsgerichte und ähnlicher Institutionen vom 14.–16. Oktober 1974 Karls-

ruhe/Baden-Baden. Eröffnungsansprache. In: Grundrechte. 1974, 5. S. 81–83.

1975

186. Bemerkungen zur richterlichen Unabhängigkeit. Vortrag, gehalten am 17. 4. 1975 in Goslar vor der Vertreterversammlung des Dt. Richterbundes. Zusammen mit Eckart Klein. In: Deutsche Richterzeitung 1975. S. 166–171. Vortrag mit geringfügigen Änderungen unter dem gleichen Titel auch gehalten in Berlin am 1. 2. 1975 anläßlich des 25jährigen Bestehens des Landesverbandes Berlin des Dt. Richterbundes und auf der Jahresvertreterversammlung des Deutschen Richterbundes in Goslar am 17. 4. 1975.
187. Das Bundesverfassungsgericht ein „Integrationsfaktor"? Vortrag am 19. Dez. 1975 im Richterheim in Fischbachau anläßlich der Jahrestagung für Richter und Staatsanwälte. Karlsruhe 1975. 15 gez. Bl., 3 gez. Bl. (Masch. Schr.)
188. Ernst Benda (beantwortet Schülerfragen). Rias Berlin 1975. In: Jugend fragt – Prominente antworten. Berlin: Colloquium Verl. 1975. S. 13–33.
189. Gefährdungen der Menschenwürde. Opladen: Westdt. Verl. 1975. 45 S. (Rheinisch-Westfälische Akademie der Wissenschaften. Vorträge. H. 198 = Geisteswissenschaften).
190. Grußworte aus Anlaß des 50jährigen Bestehens des Max-Planck-Instituts für ausländisches öffentliches Recht und Völkerrecht in Heidelberg am 28. Februar 1975. Karlsruhe 1975. 4 gez. Bl. (Msch. Schr.).
191. Interview mit Günter Krems. Themen: Paragraph 218 – Richterwahl – Urteilspraxis. Bonn: Sender Freies Berlin, Redaktion Bonn 1975. S. 11 gez. S. (Masch. Schr.).
192. Karlsruhe – ein verkappter Gesetzgeber? Interview zum Vorwurf der Amtsanmaßung des Bundesverfassungsgerichts. In: Der Spiegel. 1975, Nr. 10. S. 68, 70–74.
193. Öffentliche Aufgaben in der parlamentarischen Demokratie. „Ein Cappenberger Gespräch. (Ernst Benda als Gesprächsleiter und Diskussionsteilnehmer). Köln: Grote 1975. 85 S. (Cappenberger Gespräche der Freiherr-vom-Stein-Gesellschaft. Bd. 10). (Diskussionsbeiträge von Benda S. 44–48, S. 63–65, S. 66, S. 82–85).
194. Rechtsstaat im sozialen Wandel. Vortrag am 4. 12. 1975. Karlsruhe 1975. 39, 7 S. (Masch. Schr.). (Recht sichert die

Freiheit. Rechtspolitischer Kongreß der CDU/CSU. Karlsruhe, 4./5.12.1975).

195. Rezension zu: Hans-Peter Schneider: Die parlamentarische Opposition im Verfassungsrecht der Bundesrepublik Deutschland. Bd. 1: Grundlagen. Frankfurt/M.: Klostermann 1974. XIII, 463 S. In: Neue Juristische Wochenschrift. 1975. S. 1498–1499.

196. Sicherung der Freiheit durch Eigentum? Vortrag, gehalten am 31.1.1975 vor der Hermann-Ehlers-Akademie in Kiel. Karlsruhe 1975. 23,6 gez. Bl. (Masch. Schr.).

197. Die verfassungsrechtliche Relevanz des Sozialrechts. Festvortrag zur 10-Jahresfeier des Dt. Sozialgerichtsverbandes. In: Die verfassungsrechtliche Relevanz des Sozialrechts. Bonn-Bad Godesberg: Agard-Verl. 1975. S. 32–49.

198. Zu einigen Fragen grundgesetzlicher Sozialstaatlichkeit. In: Die Fortbildung. Jg. 20. 1975. S. 38–43.

199. Zur BVG-Entscheidung in Sachen § 218. Südfunk-Interview am 2.3.1975.

200. Zur Frage der Schaffung eines europäischen Grundrechtskataloges. Rundfunkinterview in Deutscher Welle am 9.4.1975.

1976

201. Aktuelle Fragen aus der Arbeit des Bundesverfassungsgerichts. Vortrag, am 29.1.1976 vor der Rechts- und Staatswiss. Vereinigung e.V., Düsseldorf. Karlsruhe 1976. 24, 2 gez. Bl. (Masch. Schr.).

202. Begrüßung beim Festakt aus Anlaß des 25jährigen Bestehens des Bundesverfassungsgerichts am 18.11.1976. In: 25 Jahre Bundesverfassungsgericht 1951–1976. Heidelberg, Karlsruhe: C.F. Müller. 1976. S. 7–9.

203. Das Bundesverfassungsgericht im Spannungsfeld von Recht und Politik. Vortrag, am 12.11.1976 in München vor der Carl Friedrich von Siemens Stiftung. Karlsruhe 1976. 21 gez. Bl. (Masch. Schr.).

204. Hüter der Verfassung. Verfassungsrechtliche Konflikte sind zugleich politische Konflikte. Die Enstscheidungen des Bundesverfassungsgerichts haben daher zwangsläufig eine politische Dimension. Vortrag vor dem Unternehmerverband der Industrie Ruhr-Niederrhein in Duisburg am 19.2.1976.

Auszug. In: Vortragsreihe des Instituts der Deutschen Wirtschaft. 1976, 12. S. 1–4.

205. In Karlsruhe haben die Parteien keine Lobby. Interview mit Friedrich Thelen. In: Die Welt. 1976, 269 vom 18. 11. 1976. S. 4.

206. „Konflikte sind denkbar, aber sie können überwunden werden." Ansprache bei der 25-Jahr-Feier des BVerfG am 18. 11. 1976. In: Badische Neueste Nachrichten. 1976, 268 vom 19. 11. 1976. S. 5.

207. Die Rechtsprechung braucht Grundvertrauen. 25 Jahre Bundesverfassungsgericht. Festakt in Karlsruhe. Prominente Gäste aus dem In- und Ausland. In: Das Parlament. 1976, 48. S. 4.

208. Rechtsstaat im sozialen Wandel. In: Archiv des Öffentlichen Rechts. Bd. 101. 1976. S. 497–519. Auszugsweise auch in: Material über Zukunftsaspekte der Rechtspolitik. (Vortrag, gehalten auf einer Tagung in der politischen Akademie Eichholz). Bonn: Eichholz 1976. S. 27–28.

209. Rede anläßlich des Jahresempfanges für die Presse am 24. März 1976. Karlsruhe 1976. 15 gez. Bl. (Masch. Schr.).

210. Schlußwort beim Festakt aus Anlaß des 25jährigen Bestehens des Bundesverfassungsgerichts am 18. 11. 1976. In: 25 Jahre Bundesverfassungsgericht 1951–1976. Heidelberg, Karlsruhe: C. F. Müller 1976. S. 41–43.

211. Social Cohesion in the West. Employment, inflation and consumer protection: the rights of the citizen. Some comments as seen from the standpoint of constitutional law. An aide-mémoire to a talk given on 19th May, 1976. In: Wilton Park Journal. 1976, Nr. 53. S. 4–11.

212. Staatliche und private Vorsorge im Lichte des sozialen Rechtsstaates. In: Versicherungswirtschaft. 1976. S. 777–796.

213. Verfassungsgerichtsbarkeit und Politik. Vortrag, am 26. 11. 1976 in Saarbrücken vor der Staatsbürgerlichen Vereinigung Saar e. V. Karlsruhe 1976. 21 gez. Bl. (Masch. Schr.).

214. Zu Funktion und Bedeutung des Bundesverfassungsgerichts. Vortrag, am 19. 2. 1976 vor dem Unternehmerverband der Industrie Ruhr-Niederrhein in Duisburg. Karlsruhe 1976. 20,2 gez. Bl. (Masch. Schr.).

215. Zur Rolle der Rechtsprechung in der Bundesrepublik Deutschland. Vortrag, gehalten am 1.4.1976 vor der Industrie- u. Handelskammer in Essen. Karlsruhe 1976. 25,2 gez. Bl. (Masch. Schr.).
216. Zwischen Recht und Politik. Ein Gespräch zum 25jährigen Bestehen des Bundesverfassungsgerichts mit Präsident Ernst Benda, den Verfassungsrechtsprofessoren Günter Dürig und Martin Kriele sowie dem Karlsruher Korrespondenten Rudolf Gerhardt. Gesprächsleitung: Walther von La Roche. In: Gehört, gelesen. 1976, Nr. 11. S. 28–44. Wortlaut der Hörfunksendung vom 7.9.1976 des Bayerischen Rundfunks.

1977

217. Ansprachen anläßlich der Feierstunde des Bundesverfassungsberichts am 9. November 1977 aus Anlaß der Verabschiedung des Bundesverfassungsrichters Prof. Dr. Willi Geiger sowie der Begrüßung der Bundesverfassungsrichter Dr. Gisela Niemeyer und Ernst Träger. Von Ernst Benda, Gerd Pfeiffer [u.] Willi Geiger. Karlsruhe 1977. 15, 7, 11 gez. Bl. (Masch. Schr.).
218. Begrüßungsansprache auf dem Neujahrs(presse)empfang am 28. Januar 1977. Karlsruhe 1977. 11 gez. Bl. (Masch. Schr.).
219. Bewährung des Rechtsstaates. Diskussionen über die Stellung des Richters im Spannungsfeld zwischen Recht und Politik mit Ernst Benda, Klaus Stern und Rudolf Wassermann (u. a.). Gesendet im Deutschlandfunk am 17.12.1976 u. am 11.2.1977 in der Reihe „Zur Diskussion". Köln: Deutschlandfunk, Presseabt. 1977. 49 S. (Diskussionen im DLF. 21.).
220. Das Bundesverfassungsgericht im Spannungsfeld von Recht und Politik. In: Zeitschrift für Rechtspolitik. 1977. 7. S. 1–5.
221. Für jeden wenigstens Chance zu studieren. Interview mit Hermann Stümpert vom Saarländischen Rundfunk. In: Campus. Nachrichten u. Meinungen aus dem Hochschulbereich Saarbrücken vom 16.2.1977.
222. Gedenkfeier für die Richterin des Bundesverfassungsgerichts Frau Dr. jur. h.c. Wiltraut Rupp v. Brünneck. Karlsruhe,

6. Okt. 1977. Gedenkansprache. Karlsruhe 1977. 19, 2 gez. Bl. (Masch. Schr.).

223. Keine abschließende Aussage des Grundgesetzes zur Rolle des Staates und zum Umfang der Staatsaufgaben. Karlsruhe 1977. 18 gez. Bl. (Masch. Schr.).

224. New tendencies in the development of fundamental rights in the Federal Republic of Germany. In: The John Marshall journal of practice and procedure. Vol. 11. 1977. S. 1–15.

225. Pressefreiheit im demokratischen und sozialen Rechtsstaat. Festvortrag, aus Anlaß der Mitgliederversammlung der Regionalpresse e. V. am 7. 11. 1977 in Frankfurt a. M. Frankfurt a. M.: Regionalpresse e. V. 1977. 21 S.

226. Richter und Politik – Aus der Sicht des Verfassungsrichters – Karlsruhe 1977. 27 gez. Bl. (Masch. Schr.).

227. „Der Richter unter dem Gesetz und unter der Gerechtigkeit". In: Staatsethik. Köln: Hanstein. 1977. S. 186–189.

228. Die Rolle der Verfassungsgerichtsbarkeit im föderalistischen Rechtsstaat. Vortrag in Baden-Baden vor französ. u. dt. Chefredakteuren am 2. Dezember 1977. Karlsruhe 1977. 13 gez. Bl. (Masch. Schr.).

229. Verfassungsprobleme im sozialen Rechtsstaat. Vortrag an der Univ. Münster am 15. Dezember 1977 im Rahmen der Vorlesungsreihe „Vorträge auswärtiger Gelehrter". Karlsruhe 1977. 24 gez. Bl. (Masch. Schr.).

230. Verfassungsrechtliche Probleme im Zusammenhang mit dem öffentlich-rechtlichen Rundfunk. Vortrag vor leitenden Programm-Mitarbeitern anläßlich eines Besuchs beim Zweiten Deutschen Fernsehen am 8. März 1977 in Mainz. Karlsruhe 1977. 9 gez. Bl. (Masch. Schr.).

231. Verteidigungsfall und Bundesverfassungsgericht. In: Um Recht und Freiheit. Festschrift für Friedrich August Freiherr von der Heydte zur Vollendung des 70. Lebensjahres. Bd. 2. Berlin: Duncker & Humblot 1977. S. 793–808.

232. Vorausschau und Sicherung. Planung in der Demokratie. In: Lutherische Monatshefte. Jg. 16. 1977. S. 496–497.

233. Wachsende Arbeitsbelastung des Bundesverfassungsgerichts. In: Harburger Anzeigen und Nachrichten vom 1. April 1977. 2 S.

234. Zum „Tag der Verfassung". In: Zweites Deutsches Fernsehen vom 23. 5. 1977/21.15 Uhr. – Heute –.

235. Zum Wandel der Staatsaufgaben im sozialen Rechtsstaat. Vortrag in Walberberg am 4.11.1977. Karlsruhe 1977. 24 gez. Bl. (Masch. Schr.).

1978

236. Economic Order and fundamental rights. Vortrag anläßlich der 2. Frederick-Alexander-Mann-Lecture am 16. November 1978 in London. Karlsruhe 1978. 28 gez. Bl. (Masch. Schr.).
237. Es ist nicht Aufgabe des Kanzlers, dem höchsten Gericht Zensuren zu geben. In: Die Welt vom 2.10.1978.
238. Gedenkansprache zum 40. Jahrestag der „Reichskristallnacht" in der evangelischen Stadtkirche am Marktplatz in Karlsruhe am 9. November 1978. Karlsruhe 1978. 7 gez. Bl. (Masch. Schr.).
239. Gegen den Vorwurf politisch zu richten. In: Rheinischer Merkur vom 21.4.1978. S. 4.
240. Giudice e politica dal punto di vista del giudice costituzionale. In: Richter und Politik. Giudice e politica. Internationale Juristenkonferenz vom 1.–3.4.1977 in Venedig ... Dt. Sektion der Internationalen Juristen-Kommission. Heidelberg, Karlsruhe: C.F. Müller 1978. S. 53–54.
241. Hat der Bürger Anlaß zur Verdrossenheit? „Die Zukunft der Demokratie". Antworten von Scheel, Carstens, Schmidt und Benda auf einer Tagung der Stiftung Theodor-Heuss-Preis. In: Süddeutsche Zeitung, München vom 5.10.1978. S. 10.
242. Kant für ‚Kantianer'. Gedanken zum Schuljubiläum. Vortrag anläßlich der 125-Jahr-Feier 1978 des Kant-Gymnasiums in Berlin-Spandau am 21. Oktober 1978. Karlsruhe 1978. 18 gez. Bl. (Masch. Schr.).
243. Konflikt und Konsens im sozialen Rechtsstaat. Hrsg. vom Arbeitgeberverband der Metallindustrie Köln. Köln 1978. 44 S. (Gesellschaftspolitische Schriftenreihe. Arbeitgeberverband der Metallindustrie Köln. 10.).
244. Richter und Politik – Aus der Sicht des Verfassungsrichters. In: Richter und Politik. Giudice e politica. Internationale Juristenkonferenz vom 1.–3.4.1977 in Venedig ... Dt. Sektion der Internationalen Juristen-Kommission. Heidelberg, Karlsruhe: C.F. Müller 1978. S. 37–52.
245. Die Sozialstaatsklausel in der Rechtsprechung des Bundesar-

beitsgerichts und des Bundesverfassungsgerichts. In: Recht der Arbeit. 32. 1979. S. 1–7.

246. Staatliche Erneuerungskräfte freiheitlicher Ordnung. In: Junge Wissenschaft u. Wirtschaft. Erneuerungskräfte freiheitlicher Ordnung. Köln: Bochum. 1980. S. 112–125.

247. Ein „Staatsrecht“ für die Bundesrepublik Deutschland. Zugl. e. Bespr. von „Das Staatsrecht der Bundesrepublik Deutschland“ Bd. 1: Grundbegriffe. Von Klaus Stern. München: Beck 1977. LVIII, 861 S. In: Neue Juristische Wochenschrift. 1978. S. 686–687.

248. Unabhängig oder überhaupt nicht. In: Niedersächsisches Tageblatt. 1978, 235 v. 9. 10. 1978. S. 2. (Betr. BVerfG – Verfassungsgerichtsbarkeit zwischen Recht u. Politik).

249. Ein Volk, das sich selber von diesen Mördern befreien kann. Rede des CDU-Abgeordneten, gehalten am 10. 3. 1965 vor dem Bundestag zur Verjährung von Naziverbrechen. In: Frankfurter Rundschau. 1978, 259 v. 18. 11. 1978. S. 14–15.

250. Wie ich es sehe: Gegen den Vorwurf politisch zu richten. In: Rheinischer Merkur. 1978, 16 vom 21. 4. 1978, S. 4.

251. „Wir brauchen das offene Gespräch“. Der Präsident des Bundesverfassungsgerichts sprach zum 9. November. In: Allgemeine Jüdische Wochenzeitung vom 24. 11. 1978.

252. Zukunftsfragen der Parlamentarischen Demokratie. Vortrag, gehalten am 20. 4. 1978 in Berlin anläßlich der 48. Konferenz der Präsidenten der dt. Länderparlamente. In: Zeitschrift für Parlamentsfragen. Jg. 9. 1978. S. 510–521.

253. Zum Gedenken an Wiltraut Rupp-v. Brünneck. In: Deutsche Richterzeitung. Jg. 56. 1978. S. 35–39.

254. Zur politischen Qualität von Verfassungsgerichtsurteilen. Interview im Süddeutschen Rundfunk am 19. 2. 1978.

1979

255. Ansprache anläßlich einer Feierstunde des Bundesverfassungsgerichts am 23. Mai 1979 zur Verabschiedung von Bundesverfassungsrichter Dr. Karl Haager und Begrüßung des Bundesverfassungsrichters Prof. Dr. Hermann Heußner. Karlsruhe 1979. 25 S. (Masch. Schr.).

256. Ansprache beim Oldenburger Grünkohlessen in der Niedersächsischen Landesvertretung in Bonn am 7. Februar 1979. Karlsruhe 1979. 7 gez. Bl. (Masch. Schr.).

257. Bundessozialgericht und Sozialstaatsklausel. In: Neue Juristische Wochenschrift. Jg. 32. S. 1001–1007.
258. Das Bundesverfassungsgericht im Spannungsfeld von Recht und Politik. In: Zeitschrift für Rechtspolitik. München. Jg. 10. 1977. S. 1–5.
259. Bundesverfassungsgericht und Gesetzgeber im dritten Jahrzehnt des Grundgesetzes. In: Die Öffentliche Verwaltung. Jg. 32. 1979. S. 465–470.
260. Europa als Grundrechtsgemeinschaft. Festvortrag anläßlich des Europatages in Fribourg, Schweiz am 3. Mai 1979. Karlsruhe 1979. 22 gez. Bl. (Masch. Schr.).
261. Föderalismus auf dem Rückzug? Eine Analyse des Föderalismus in der Bundesrepublik Deutschland mit Stellungnahmen von Ernst Benda, Bernhard Vogel und Werner Maihofer. Sendung im Zweiten Deutschen Fernsehen am 22. 5. 1979. 19.10 Uhr.
262. „Das Grundgesetz ist ein Glücksfall für die Bundesrepublik." Interview mit Wilfried Hertz-Eichenrode. In: Die Welt. 1979, 118 v. 22. 5. 1979. S. 4.
263. Grund- und Menschenrechte in der Europäischen Gemeinschaft. Interview mit Norbert Paul Engel. In: Europäische Perspektiven. München: Goldmann 1979. S. 164–177.
264. Grundrechtswidrige Gesetze. Ein Beitrag zu den Ursachen verfassungsgerichtlicher Beanstandung. (Trierer Antrittsvorlesung am 30. 4. 1979). Baden-Baden: Nomos Verl. Ges. 1979. 75 S. (Studien und Materialien zur Verfassungsgerichtsbarkeit. Bd. 15).
265. „Kriegszustand?" Nein. Das Grundgesetz gibt Freiheit zur besten Wirtschaftspolitik. Interview mit Wilfried Hertz-Eichenrode. In: Die Welt. 1979, 125 v. 31. 5. 1979. S. 1, 4.
266. Die Last des letzten Wortes. Bundestag und Bundesverfassungsgericht – Gesetzgebung und Verfassungsrechtsprechung. In: Das Parlament. 1979, 32/33. S. 10.
267. Die Menschenrechtskonvention hat keinen Verfassungsrang. Rundfunkinterview zur Problematik des Grundrechtsschutzes in der Europäischen Gemeinschaft mit Norbert Paul Engel. In: Frankfurter Rundschau. 1979, 118 v. 22. 5. 1979. S. 14.
268. Richter im Rechtsstaat. Vortrag, gehalten auf dem Deutschen Richtertag 1979 in Essen. In: Deutsche Richterzei-

tung. Jg. 57. 1979. S. 357–363. Auch in: Die Vorträge und Referate des Deutschen Richtertages. Köln: Heymanns 1979. S. 235–261.

269. Die Sozialstaatsklausel in der Rechtsprechung des Bundesarbeitsgerichts und des Bundesverfassungsgerichts. In: Recht der Arbeit. Jg. 32. 1979, S. 1–7.
270. Unzulängliche Vorschläge zum Scheidungsrecht. In: Evangelische Verantwortung. 1971. Nr. 2. S. 6–8.
271. Verfassungskontrolle durch Verfassungsgerichtsbarkeit. In: 30 Jahre Grundgesetz. Vorträge u. Diskussionsbeiträge der 47. Staatswissenschaftlichen Fortbildungstagung 1979 der Hochschule für Verwaltungswissenschaften Speyer. Berlin: Duncker & Humblot 1979. S. 103–117.
272. Wie in der Residenz des Rechts die Bonner Politik gestoppt wird. Die Blockierung von Reformgesetzen durch das BVG ist der problemreichste Aspekt des Verhältnisses von Verfassungsrechtsprechung und Reformpolitik. In: Frankfurter Rundschau. Frankfurt a. M. 1979, Nr. 33 v. 8. 2. 1979.
273. Die Zukunft unserer Demokratie. Podiumsdiskussion. In: Die Zukunft unserer Demokratie. Initiative, Verantwortung, Gemeinsamkeit. München: dtv 1979. S. 88–96, 99–100, 117–119, 125–126.

1980

274. Aktuelle Probleme der Praxis des Bundesverfassungsgerichts. In: Neue Juristische Wochenschrift. Jg. 33. 1980. S. 2097–2103.
275. American Council on German affairs. Dinner speech am 23. Sept. 1980. Karlsruhe 1980. In: Benda: Vorträge während seines Amerika-Aufenthaltes im Sept./Okt. Karlsruhe 1980. 4 gez. Bl. (Masch. Schr.).
276. Christopher Emmet Lecture. Karlsruhe 1980. In: Benda: Vorträge während seines Amerika-Aufenthaltes im Sept./ Okt. Karlsruhe 1980. 10 gez. Bl. (Masch. Schr.).
277. Constitutional Jurisdiction in Western Germany. Some recent developments. Karlsruhe 1980. In: Benda: Vorträge während seines Amerika-Aufenthaltes im Sept./Okt. Karlsruhe 1980. 11 gez. Bl. (Masch. Schr.).
278. Economic Order and fundamental rights. In: Benda: Vor-

träge während seines Amerika-Aufenthaltes im Sept./Okt. Karlsruhe 1980. 15 gez. Bl. (Masch. Schr.).

279. Europa als Grundrechtsgemeinschaft. In: Politik als gelebte Verfassung. Festschrift für Friedrich Schäfer. Opladen: Westdeutscher Verl. 1980. S. 12–23.

280. Gewissen und Gedächtnis. 2 Vorträge aus der Arbeit des Jahres 1980 von Ernst Benda u. Edgar Winkler, gehalten am 20. Okt. 1980 beim 30jährigen Jubiläum der Gesellschaft für Christlich-Jüdische Zusammenarbeit Stuttgart e.V. Stuttgart: Gesellschat für Christ.-Jüd. Zusammenarbeit Stuttgart e.V. 1980. 13 S.

281. Die Grundrechte des Bürgers im Alltag durchsetzen. Auszüge aus der Begrüßungsanspache anläßlich des Jahresempfangs der Presse. In: Frankfurter Rundschau. 1980, 36 v. 12.2.1980. S. 10.

282. Grundwerte. Vortragszyklus 1979/80. Schule der Bundeswehr für Innere Führung. Beiträge von Ernst Benda, Martin Honecker (u.a.). Bonn 1980. 137 S. (Schriftenreihe der Bundeszentrale für Politische Bildung. Bd. 168).

283. Judicial Review of legislative acts in the Federal Republic. Karlsruhe 1980. In: Benda: Vorträge während seines Amerika-Aufenthaltes im Sept./Okt. Karlsruhe 1980. 14 gez. Bl. (Masch. Schr.).

284. Die Last des letzten Wortes. Keine ernsthaften Konflikte zwischen Bundestag und Bundesverfassungsgericht. In: Der Bundestag im Verfassungsgefüge der Bundesrepublik Deutschland. Bonn: Presse- und Informationszentrum des Dt. Bundestages. 1980. S. 129–131.

285. Richter im Rechtsstaat. In: Kurskorrekturen im Recht. Köln: Heymann 1980. S. 235–261.

286. Staatliche Erneuerungskräfte freiheitlicher Ordnung. Vortrag anläßlich des Internationalen Kongresses der Hanns Martin-Schleyer-Stiftung in Innsbruck am 26.11.1980. Karlsruhe 1980. 15 gez. Bl. (Masch. Schr.).

287. ‚Über Grundwerte'. Festansprache anläßlich des 75jährigen Bestehens von ‚Rotary International' am 1.3.1980 in Karlsruhe. Karlsruhe 1980. 20 gez. Bl. (Masch. Schr.).

288. Vorträge während seines Amerika-Aufenthaltes im Sept./Okt. 1980. (Fingierter Sammeltitel). Karlsruhe 1980. Getr. Pag. (Masch. Schr.). Darin: 1a) Benda: Christopher Emmet

Lecture. 1b) Benda: American Council on German affairs. Dinner speech. 2) Benda: Judicial Review of legislative acts in the Federal Republic. 3) Benda: Constitutional Jurisdiction in Western Germany. 4) Benda: Economic Order and fundamental rights. 5a) Benda: World Affairs Council. 5b) Benda: The Rule of constitutional law in Western Germany.

289. World Affairs Council. Karlsruhe 1980. In: Benda: Vorträge während seines Amerika-Aufenthaltes im Sept./Okt. Karlsruhe 1980. 15 gez. Bl.

1981

290. Ansprache aus Anlaß der Verabschiedung von Martin Hirsch und Begrüßung von Bundesverfassungsrichter Ernst-Gottfried Mahrenholz. Gehalten am 8.7.1981. In: Recht der Arbeit. S. 378–379.

291. Anwaltschaft und Bundesverfassungsgericht. In: Hundert Jahre Rechtsanwaltskammern. München: Beck. 1981. S. 79–92.

292. Begrüßungsansprache für den Presse-Empfang am 6.2.1981. Karlsruhe 1981. 12 gez. Bl. (Masch. Schr.).

293. Constitutional jurisdiction in Western Germany. In: Columbia journal of transnational law. Vol. 19. 1981. S. 1–13.

294. Gedanken zum Sozialstaat. In: Die Krankenversicherung. Jg. 33. 1981. S. 253–259. Auch in: Recht der Arbeit. Jg. 34. 1981. S. 137–143. Auch in: Universität zu Köln. Mitteilungen. 1981, 2. S. 1–3.

295. Geleitwort zu: Schneider, Franz: Bibliographie Gerhard Leibholz. 2. neubearb. u. erw. Auflage. Tübingen: Mohr 1981. S. 1.

296. Gerhard Leibholz als Bundesverfassungsrichter. In: Der Gleichheitssatz im modernen Verfassungsstaat. Symposium zum 80. Geburtstag von Prof. Dr. Dr. Dr. Gerhard Leibholz am 21. November 1981. Baden-Baden: Nomos 1982. S. 19–22.

297. Grundrechte. Grundpflichten. Vortrag, gehalten am 9. Mai 1981 in Esslingen am Neckar. (Hrsg.: Rotary International; Rolf Simon-Weidner, Governor 1980/81). Esslingen a. N. 1981: Bechtle. 26 gez. Bl.

298. Grundrechte und Wirtschaftsordnung. Vortrag. Hannover

1981. 17 S. (Schriftenreihe der Niedersächsischen Landeszentrale für Politische Bildung. Grundfragen der Demokratie. Folge 1).

299. Grundwerte, Grundgesetz, Richteramt. In: Arbeitsleben und Rechtspflege. Festschrift für Gerhard Müller. Berlin: Duncker & Humblot 1981. S. 837–847.

300. Hundert Jahre Rechtsanwaltskammern. Festansprachen bei den Hundertjahrfeiern einiger Rechtsanwaltskammern. Von Ernst Benda (u. a.). München: Beck 1981. 108 S. (Schriftenreihe der Bundesrechtsanwaltskammer. Bd. 2).

301. In Karlsruhe sitzt keine Nebenregierung. Die öffentliche Kritik, das BVerfG mache mit seinen Entscheidungen Politik, wird vom höchsten deutschen Gericht zurückgewiesen. Daß aber seine Urteile u. U. ganz erhebliche politische Folgen haben können, daran läßt auch sein Präsident keine Zweifel. Interview mit Alois Rummel. In: Rheinischer Merkur. Christ und Welt. 1981, 23 v. 5. 6. 1981. S. 3.

302. Interview Hennig Frank mit Ernst Benda (Betr.: Verfahrensflut zum BVerfG). Sendung im Deutschland-Funk am 7. 2. 1981. Karlsruhe 1981. 5 gez. Bl. (Masch. Schr.).

303. Die Medienlandschaft der Bundesrepublik Deutschland nach dem Urteil des Bundesverfassungsgerichts. Interview mit Ernst Benda im Deutschland-Funk am 18. 6. 1981, 21.40–22.00 Uhr. Interviewer: Henning Frank. Karlsruhe 1981. 12 gez. Bl. (Masch. Schr.).

304. Meinungsforschung und repräsentative Demokratie. In: Öffentliche Meinung und sozialer Wandel. Festschrift für Elisabeth Noelle-Neumann. Opladen: Westdt. Verlag 1981. S. 96–104.

305. Nicht mehr verteilen als produziert wird. In: Der freie Beruf. Jg. 9. 1981, Nr. 5. S. 25–28. Gekürzte Fassung der am 12. Februar 1981 vor dem Kölner Kommunikationsforum ‚Recht, Wirtschaft, Steuern' u. d. T. „Gedanken zum Sozialstaat" gehaltenen Rede. (s. Nr. 296).

306. Das Recht auf Privatsphäre in der Bundesrepublik Deutschland. Vortrag, anläßlich einer Tagung der Internat. Vereinigung jüdischer Juristen vom 26. Juli–2. August 1981 in Jerusalem und Tel Aviv. Karlsruhe 1981. 10 gez. Bl. (Masch. Schr.). Text in engl. Sprache u. d. T.: Benda: The Right to privacy in the Federal Republic of Germany.

307. Schützt unsere Verfassung vor ihren Feinden? In: Allgemeine Jüdische Wochenzeitung. 1981, 16 v. 1.5.1981. S. 1.
308. Sozialstaatsprinzip ist keine Schatzkammer. In: Handelsblatt vom 13./14.2.1981, Nr. 31. S. 6.
309. Staatliche Erneuerungskräfte freiheitlicher Ordnung. In: Junge Wissenschaft und Wirtschaft – Erneuerungskräfte freiheitlicher Ordnung. Köln: Hanns Martin Schleyer-Stiftung 1981. S. 112–125 mit Podiumsdiskussion S. 140–142, S. 148–149, S. 152–153.
310. Technische Risiken und Grundgesetz. In: Energiewirtschaftliche Tagesfragen. Gräfelfing. 1981. S. 868–872. Auch in: Technische Risiken und Recht. Karlsruhe: Kernforschungszentrum 1981. S. 5–11.
311. Tugend der Pflichterfüllung. Über das Verhältnis von Grundrechten und Pflichten. In: Evangelische Kommentare. Jg. 14. 1981. S. 497–498.
312. Verfassungsauftrag und Umweltschutz. Gegen Verbandsklage und Umweltgrundrecht. Bonn 1981. 21 S. (DIHT, Deutscher Industrie- und Handelstag. 195).
313. Verfassungsrechtliche Aspekte des Umweltschutzes anläßlich der Eröffnungsveranstaltung des Saarbrücker Rechtsforums e. V., Saarbrücken, 9. 11. 1981. Karlsruhe 1981. 29 gez. Bl. (Masch. Schr.).

1982

314. Abkehr vom Staat. In: Abkehr vom Staat. Mainz: v. Hase & Koehler 1982. S. 9–24. (Studienzentrum Weikersheim e. V. Dokumentation. 7.).
315. Abweichende Meinung zum Beschluß des Ersten Senats vom 1. 7. 1981 – 1 BvR 874/77 u. a., 1 BvL 33/80 u. a. – (Betr.: Die Begrenzung der Bewertung der Ausbildungs-Ausfallzeiten bei Renten und Rentenanwaltschaften durch das zwanzigste Rentenanpassungsgesetz ist mit dem Grundgesetz vereinbar ...) Zusammen mit Dietrich Katzenstein. In: Entscheidungen des Bundesverfassungsgerichts. Bd. 58. 1982. S. 129–136.
316. Ämterpatronage zieht die Opportunisten an. In: Handelsblatt vom 12. 1. 1982, Nr. 7. S. 4.
317. Beamtentum braucht Vertrauen. Der Präsident des Bundesverfassungsgerichts über parteipolitische Ämterpatronage

und unverzichtbare Grundsätze des Beamtentums. 23. Beamtenpolitische Arbeitstagung des DBB am 7.1.1982. In: Der Beamtenbund. 1982, 2. S.7.

318. Eröffnungsansprache der Bad Hersfelder Festspiele (am 29.6.1982). In: Städte und Gemeindebund. Jg.37. 1982. S.282–283.

319. Geld und Währung in der Rechtsprechung des Bundesverfassungsgerichts. Vortrag anläßlich einer Veranstaltung des Seminars für Währungsrecht und Wirtschaftsrecht der Universität Würzburg am 21.6.1983. Karlsruhe 1983. 19 gez. Bl. (Masch. Schr.).

320. Das Grundgesetz gibt keine absolute Garantie für soziale Besitzstände. In: Handelsblatt vom 17./18.9.1982, Nr.179. S.12.

321. Das Grundgesetz kennt auch Pflichten. Gerade die pluralistische Demokratie verlangt die Mitwirkung aller. In: Rheinischer Merkur. Christ und Welt. 1982, 36 v. 3.9.1982. S.26.

322. Interview Henning Frank mit BVG-Präsident Ernst Benda. Sendung: DLF (Musik und Information) vom 30.1.1982. Karlsruhe 1982. (Masch. Schr.). 5 gez. Bl.

323. Konsens, Meinungsforschung und Verfassung. In: Die Öffentliche Verwaltung. Jg.35. 1982. S.877–883. Stellungnahme zu diesem Beitrag von Elisabeth Noelle-Neumann: Das Bundesverfassungsgericht und die ungeschriebenen Gesetze – Antwort an Ernst Benda. In: Die Öffentliche Verwaltung. Jg.35. 1982. S.884–888.

324. Die Kunstfreiheit und ihre Grenzen. Zum Begriff der Kunst. In: Die Neue Ordnung in Kirche, Staat, Gesellschaft, Kultur. 1982. S.345–356. Auch in: Staatliches Friedrich-Wilhelm-Gymnasium Trier. Jahresbericht 1981/82. 1982. S.331–343.

325. Politische Parteien und öffentlicher Dienst. (Von) Gerhart Rudolf Baum, Ernst Benda (u.a.). Bonn: Godesberger Taschenbuch-Verl. 1982. 209 S. (Godesberger Taschenbücher. Schriften zur Staats- und Gesellschaftspolitik. 19).

326. Richter und Politik. In: Universitas. 1982, 9. S.927–937.

327. The Right to privacy in the Federal Republic of Germany. In: The International Association of Jewish Lawyers and Jurists. Bulletin. 1982, Nr.29. S.2–5.

328. Sozialstaatsklausel. Aus der Sicht des Verfassungsgerichts-

präsidenten. Das Grundgesetz gibt keine absolute Garantie für soziale Besitzstände. In: Handelsblatt. 1982, 179 v. 17.9.1982. S.12.

329. Der Staatsbürger in der Rechtsordnung. Gespräch mit Ernst Benda. In: Evangelische Kommentare. Jg.15. 1982, Nr.11. S.617–620.

330. Der Stabilitätsauftrag des öffentlichen Dienstes. Eine Überforderung im Parteienstaat? In: Politische Parteien und Öffentlicher Dienst. Bonn: Godesberger Taschenbuch-Verl.; Stuttgart: Kohlhammer 1982. S.29–51.

331. Verfassungsauftrag und Umweltschutz. Gegen Verbandsklage und Umweltgrundrecht. Bonn: Deutscher Industrie- und Handelstag 1982. 21 S. (DIHT. Schriftenreihe. 195).

332. Verfassungsrechtliche Aspekte des Umweltschutzes. In: Umwelt- und Planungsrecht. Jg.2. 1982. S.241–247.

333. Vortrag, anläßlich der 750 Jahrfeier Spandaus am 7. März 1982. Karlsruhe 1982. 18 gez. Bl. (Masch. Schr.).

1983

334. Abschließende Äußerungen (zum Handbuch des Verfassungsrechts der Bundesrepublik Deutschland). In: Handbuch des Verfassungsrechts der Bundesrepublik Deutschland. Berlin, New York: de Gruyter 1983. S.1331–1359.

335. Diskussionsbeiträge. In: Der Wohlfahrtsstaat auf dem Prüfstand. Köln: Kohlhammer 1983 S.S.56–62, S.65, S.71, S.77–78, S.80–81, S.90–91, S.94, S.99, S.105–108.

336. Der Einfluß der Verfassung im Prozeßrecht. The Constitutional influence on procedural law. Zusammen mit Albrecht Weber. In: Effektivität des Rechtsschutzes und verfassungsmäßige Ordnung. Die dt. Landesberichte zum VII. Internationalen Kongreß für Prozeßrecht in Würzburg 1983. Köln (usw.): Heymann 1983. S.1–23. Auch in: Zeitschrift für Zivilprozeß. Bd.96. 1983. S.285–306.

337. Geleitwort. In: Festschrift für Edwin Stein zum 80. Geburtstag. Bad Homburg v.d.Höhe: Gehlen 1983. S.IX–XI.

338. Gemeindliche Selbstverwaltung – Fundament jedes demokratischen Staatswesens. Zum 50.Jahrestag des letzten frei gewählten Karlsruher Stadtrates am 29.4.1983. In: Der Städtetag. 1983. S.594–597.

339. Der Gesetzgeber sitzt nicht in Karlsruhe. Handelsblatt-Gespräch mit Präsident Dr. Ernst Benda von Erhard Becker. In: Handelsblatt vom 24.12.1974.
340. Grenzen der Solidarität – Deutschlands gefährdete soziale Sicherung. In: Zweifel an Freund und Feind. Bonn: Aktuell 1983. S. 44–57.
341. Handbuch des Verfassungsrechts der Bundesrepublik Deutschland. Hrsg. von Ernst Benda, Werner Maihofer, Hans Joachim Vogel unter Mitwirkung von Konrad Hesse. Berlin, New York: de Gruyter 1983. 1448 S.
342. Interview mit Henning Frank anläßlich des Deutschen Richtertages in München. Köln: D(eutsch)L(and)F(unk) 1983. 7 gez. Bl. (Masch. Schr.). Unkorr. Ms. d. Rundfunksendung v. 26.4.1983, 12.45 Uhr. (Informationen am Mittag).
343. Interview mit Henning Frank über Probleme des Bundesverfassungsgerichts im Rahmen des Neuwahl-Verfahrens vor dem 2. Senat. Köln: Deutschlandfunk 1983. 6 gez. Bl. (Masch. Schr.). Unkorr. Ms. d. Rundfunksendung v. 26.2.1983, 12.05–12.30 Uhr.
344. Kommunale Selbstverwaltung hat hohen Stellenwert. (Ansprache aus Anlaß des 50. Jahrestages der Auflösung des letzten freigewählten Karlsruher Gemeinderats). In: Die Gemeinde. 1983. S. 302–305.
345. Die Menschenwürde. In: Handbuch des Verfassungsrechts der Bundesrepublik Deutschland. Berlin, New York: de Gruyter 1983. S. 107–128.
346. Möglichkeiten zum Abbau des politischen Kontrolldefizits. Podiumsdiskussionsbeiträge. In: Grenzen für den Steuerstaat. Referate und Protokolle vom Deutschen Steuerzahlerkongreß 1983 in Düsseldorf. Wiesbaden: Präsidium des Bundes der Steuerzahler 1983. S. 99–101, 108–111, 119–122.
347. „Nach dem Urteil". Diskussionsrunde unter Leitung von Rudolf Gerhardt mit: Ernst Benda, Martin Kriele, Ernst Gottfried Mahrenholz, Ingeborg Maus. (Betr.: Bundestagsauflösung). In: WDF vom 22.2.1983. 23.00 Uhr.
348. Politischer Gestaltungswille und Verfassungsauftrag – Die friedenssichernde Aufgabe des Rechts – Vortrag, anläßlich der Rechtspolitischen Tagung der norddeutschen Landesarbeitskreise Christlich-Demokratischer Juristen Berlin, Bremen, Hamburg, Niedersachsen, Schleswig-Holstein am 22./

23.4.1983 in Bremen. Karlsruhe 1983. 20 gez. Bl. (Masch. Schr.).

349. Resozialisierung als Verfassungsauftrag. In: Festschrift für Hans Joachim Faller. München: C.H. Beck 1983. S.12–25.

350. Rezension von Festschrift für Theodor Maunz zum 80. Geburtstag am 1.9.1981. Hrsg. von Peter Lerche, Hans Zacher und Peter Badura. München: Beck 1981. VIII, 463 S. In: Neue juristische Wochenschrift. Jg. 35. 1982. S.866.

351. Der soziale Rechtsstaat. In: Handbuch des Verfassungsrechts der Bundesrepublik Deutschland. Berlin, New York: de Gruyter 1983. S.477–553.

352. Staat ist verpflichtet zur Sorge für geordnetes Geldwesen. – Grundgesetz läßt aber Politikern Freiraum. In: Deutsche Tagespost vom 24./25.6.1983. S.17.

353. Staatsverfassung oder Bürgerfassung? Ein Vortrag vor dem Übersee-Club in Hamburg. „Den ehrbaren Kaufmann zum Vorbild nehmen." In: Frankfurter Rundschau. 1983, 94 v. 23.4.1983. S.1–4. 1983, 95 v. 25.4.1983. S.13.

354. Die Verfassungsbeschwerde. Bestand und Bewährung. Vortrag, gehalten vor der Juristischen Gesellschaft Ostwestfalen-Lippe in Bielefeld am 24.2.1983. Karlsruhe 1983. 18 gez. Bl. (Masch. Schr.).

355. Wenn der Staat zu sehr bevormundet. In: Weser Report. Jg.13, Nr.17 (v. 24.4.1983). S.2.

356. Wirtschaftliche Entwicklung und Grundgesetz. Vortrag, gehalten vor Mitgliedern und Gästen des American Chamber of Commerce (ACC), Region Baden-Württemberg, in Stuttgart am 17.2.1983. Karlsruhe 1983. 13 gez. Bl. (Masch. Schr.).

357. Zu Fragen im Zusammenhang mit dem Volkszählungsgesetz. Südfunk-Interview vom 24.4.1983.

358. Zum Freiheitsbegriff des Grundgesetzes. Vortrag vor der Führungsakademie der Bundeswehr in Hamburg am 24. März 1983. Karlsruhe 1983. 17 gez. Bl. (Masch. Schr.).

359. Zur gesellschaftlichen Akzeptanz verwaltungs- und verfassungsgerichtlicher Entscheidungen. In: DÖV 1983, 8. S.305–310.

B. Würdigungen (Auswahl)

360. Ernst Benda. In: Blätter für junge Politik. 1953, H. 3. (Juni). S. 8.

361. Ernst Benda. In: 111 Bonner Köpfe. Düsseldorf, Wien: Econ-Verl. 1963. S. 44–46.

362. Ernst Benda. Die große Entdeckung. In: Westdeutsche Allgemeine, Essen vom 12. 3. 1965.

363. Henkels, Walter: Im Gedränge der Nachrückenden. Bonner Köpfe: Ernst Benda. In: Frankfurter Allgemeine Zeitung v. 27. 7. 1965, Nr. 171. S. 2.

364. Michal, Siegfried: Ernst Benda. Liebt das Duell mit Worten. In: Kölner Stadt-Anzeiger vom 12. 3. 1965. S. 4.

365. Strothmann, Dietrich: Körner der Gerechtigkeit. Ernst Benda – ein CDU-Politiker, der sich über Nacht einen Namen machte. In: Die Zeit (Hamburg) vom 19. 3. 1965, Nr. 12. S. 2.

366. Höfer, Werner: Der zweite Mann im Minister-Tandem. In: Die Zeit vom 16. 12. 1966. S. 4.

367. Ein Berliner am Rhein. In: Das Parlament vom 30. 8. 1967, Nr. 35–36. S. 16.

368. Krems, Günter: Ernst Benda. In: Die Welt, Essen vom 26. 5. 1967.

369. Riek, W., Ernst Benda – Politiker und Buchautor. In: Gesellschaftspolitische. 1967, Nr. 11. S. 129.

370. Benda wird neuer Innenminister. In: Frankfurter Allgemeine Zeitung vom 2. 4. 1968, Nr. 79.

371. Baukloh, Friedhelm: Ernst Benda – Theoretiker und Praktiker des Obrigkeitsstaates. In: Blätter für deutsche und internationale Politik. 1968. S. 486–493.

372. Büche, Sven: Ernst Benda. Der neue Innenminister in Bonn. In: Rheinischer Merkur vom 5. 4. 1968, 14. S. 4.

373. Bundesminister Ernst Benda. Der Jurist mit der unauffälligen Karriere. In: Kontinent (New York), Juni 1968.

374. Ein Sportwagenfahrer und Pfeifenraucher zieht ein. Porträt

des jungen Kabinettsmitglieds Ernst Benda. In: Saarbrücker Zeitung vom 3. 4. 1968.

375. Engagiert und unabhängig: Innenminister Ernst Benda. Lückes Nachfolger hat seine Fähigkeiten schon beweisen können. In: Handelsblatt 1968, Nr. 67. S. 16.

376. Kettenbach, Hans Werner: Hang zum Wasser. Ernst Benda wird neuer Innenminister. In: Kölner Stadt-Anzeiger vom 3. 4. 1968. S. 3.

377. Reinhard, Christine: Benda weiß sich durchzusetzen. Ein Notstandsexperte tritt Lückes Nachfolge an. In: Frankfurter Neue Presse vom 5. 4. 1968.

378. Strothmann, Dietrich: Ein Minister, kein Lückenbüßer. Lückes Nachfolger im Ressort für Inneres: Ernst Benda. In: Die Zeit vom 5. 4. 1968.

379. Tiesenhausen, Wolter von: Trockener Humor und Berliner Schnoddrigkeit. Der neue Innenminister genießt auch beim sozialdemokratischen Koalitionspartner Ansehen. In: Der Mannheimer Morgen vom 3. 4. 1968.

380. Beck, Walter: Der Mann mit der Pfeife Bundesminister Benda fischt Fische und Menschen. In: Der tägliche Dienst. Nr. 155 vom 16. 8. 1969. S. 3–4.

381. Ernst Benda. Bundesminister des Innern. Vom AStA-Vorsitz zum Innenminister. Auszug aus: Propagandamaterial der Bundesgeschäftsstelle der CDU zur VI. Bundestags-Wahl vom 28. 9. 1969.

382. Stein, Maria: Sympathie allein genügt nicht. Ernst Bendas Grenzen sind sichtbar geworden. In: Christ und Welt vom 24. 1. 1969. S. 4.

383. Benda – ein ganz junger Präsident. In: Bremer Nachrichten vom 13. 11. 1971.

384. Ein Berliner im höchsten Richterstand. Der neue Präsident des Bundesverfassungsgerichts: Ernst Benda. In: Der Tagesspiegel vom 13. 11. 1971.

385. Ernst Benda neuer Präsident des Bundesverfassungsgerichts. In: Saarbrücker Zeitung vom 13. 11. 1971, S. 1.

386. Birkenmaier, Werner: Richter oder Parteimann? Ernst Benda – vierter Präsident des Bundesverfassungsgerichts. In: Publik vom 29. 10. 1971. 2 Bl.

387. Fromme, Friedrich Karl: Nach Karlsruhe mit genügend Selbstironie. Ernst Benda, der neue Präsident des Bundes-

verfassungsgerichts. In: Frankfurter Allgemeine vom 13.11.1971. S.2.

388. Kaiser, Carl-Christian: Generationensprung nach Karlsruhe. Der Parlamentarier Ernst Benda vertraut auf seine vielfältigen Erfahrungen. In: Die Zeit vom 29.10.1971. S.44.

389. König, Dieter von: Nach steiler Karriere vierter Mann im Staat. Ernst Benda, der neue Präsident des BVG. In: Kölner Stadt-Anzeiger vom 16.11.1971. S.3.

390. „Ortswechsel ist kein Gesinnungswechsel". Spiegel-Interview. In: Der Spiegel, Nr.51 v. 13.12.1971. S.32–33.

391. Das Porträt: Ernst Benda. Ein steiler Weg nach Karlsruhe. Der neue Präsident des Bundesverfassungsgerichts. Von W. Kinnigkeit. In: Süddeutsche Zeitung Nr.290 vom 4./5.12.1971. S.10.

392. Das Porträt: Der jüngste BVG-Präsident. In: Saarbrücker Zeitung vom 17.11.1971. S.13.

391a. Der Präsident des Bundesverfassungsgerichts Ernst Benda, CDU. In: Die in Bonn regieren, opponieren. Frankfurt/M.: Ullstein 1981. S.74–77.

393. Reifenrath, Roderich: Benda. Jüngster Präsident in Karlsruhe. In: Frankfurter Rundschau vom 13.11.1971.

394. Reinhard, Christine u. Walter Schallies: Ernst Benda löst Gebhard Müller ab. Der Berliner Rechtsanwalt übernimmt das Amt des vierten Mannes im Staat. In: Stuttgarter Nachrichten vom 12.11.1971.

395. Reinhard, Christine: Ein Kämpfer (Betr.: Ernst Benda) gegen den Radikalismus. In: Frankfurter Neue Presse vom 13.11.1971.

396. Eine Säule? In: Kölner Stadt-Anzeiger vom 13./14.11.1971. S.1.

397. Richert, Fritz: Der vierte Präsident des Bundesverfassungsgerichts. Auf den Schwaben Gebhard Müller folgt der Berliner Ernst Benda. In: Stuttgarter Zeitung vom 21.10.1971. S.3.

398. Benda Präsident des Bundesverfassungsgerichts. In: DRiZ 1972, 1. S.33.

399. Benda will Amt mehr Profil geben. In: Saarbrücker Zeitung vom 17.5.1972.

400. Zur Person. Interview mit Claus H. Casdorff und Rudolph Rohlinger. (Erstes Deutsches Fernsehen am 5.4.1968). In:

Benda: Der Rechtsstaat in der Krise. Stuttgart: Seewald 1972. S. 309–313.

401. Oehlke, Paul: Ernst Benda und der Staat der industriellen Herrschaft. Zu den gesellschaftspolitischen Vorstellungen des neuen Verfassungsgerichtspräsidenten. In: Blätter für deutsche und internationale Politik. 1972. S. 315–324.

402. Rieber, Hellmuth: Als höchster Richter 6 Monate im Amt. Ernst Bendas Pläne mit dem Bundesverfassungsgericht. In: Vorwärts vom 1. 6. 1972. Auch in: Frankfurter Rundschau vom 16. 5. 1972. Auch in: Saarbrücker Zeitung vom 17. 5. 1972.

403. Seuffert, Michael: Der doppelte Benda. In: Der Stern. 1972. 31. S. 136.

404. Donath, Claus: Ernst Benda. In: Stuttgarter Zeitung vom 1. 3. 1975 (Porträt der Woche).

405. Donath, Claus: Verfassungsgerichtspräsident Ernst Benda. Der fünfte Mann im Staat. In: Weltbild vom 19. 3. 1975. S. 30.

406. Ulitz-Weber, Senta: Berliner Tempo am Bundesverfassungsgericht. Menschen und Geschichten: Ernst Benda oder Der Präsident war nicht zu jung. In: Frankfurter Neue Presse vom 18. 1. 1975, Nr. 15. Beilage S. 1.

407. Ulitz-Weber, Senta: Ein „junger" Fünfziger. Ernst Benda – ein souveräner Richter. In: Badische Neueste Nachrichten vom 15. 1. 1975. S. 3.

408. Ernst Benda: „Pfeifenraucher des Jahres 1978" (Tabak Forum. Informationszentrum Rauchtabak und Pfeife, Bonn 2). 2 gez. Bl.

409. Ernst Benda. In: Wer ist wer? Das deutsche who's who. Ausg. 21. Lübeck: Schmidt-Römhild 1981. S. 74.

410. „Wenn meine Freunde mich rufen ..." Ein Präsident auf Erfolgskurs. (Betr.: Ernst Benda). In: Richter in Deutschland. Hamburg: Gruner & Jahr 1982. S. 161–172. Auch in: Stern. 1982, 14. S. 100–114.

411. Wird Ernst Benda neuer Bundespräsident? Die atemberaubende Karriere eines Israel-Freundes. In: Deutsche National-Zeitung vom 16. 4. 1982. 2 S.

412. Wer ist Ernst Benda? Der Mann, der die Volkszählung zu Fall brachte. In: Deutsche National-Zeitung v. 22. 4. 1983. S. 2.

413. „Ohne Drohgebärde, ohne Angst.“ Nach dem spektakulären Spruch des Bundesverfassungsgerichts zur Volkszählung ... In: Der Spiegel vom 18.4.1983, Nr. 16. S. 17–23 (Darin S. 19 f. zu Präsident Ernst Benda).

Sachregister

FSC
www.fsc.org
MIX
Papier | Fördert gute Waldnutzung
FSC® C083411

Kolibri 360 GmbH
Ferdinand-Jühlke-Straße 7
99095 Erfurt, Deutschland
produktsicherheit@kolibri360.de